1. AUGUSTINER-KELLER
2. MAX-EMANUEL-BRAUEREI
3. PARK CAFÉ
4. CHINESISCHER TURM
5. LÖWENBRÄUKELLER
6. SEEHAUS
7. VIKTUALIENMARKT
8. AUMEISTER
9. HIRSCHAU
10. MENTERSCHWAIGE
11. ZUM FLAUCHER
12. MUFFATWERK
13. PAULANER BRÄUHAUS
14. BAVARIAPARK
15. AUGUSTINER SCHÜTZENGARTEN
16. TANNENGARTEN
17. PAULANER NOCKHERBERG
18. TAXISGARTEN
19. GEYERWALLY
20. BACKSTAGE
21. HOFBRÄUKELLER
22. HOPFENGARTEN
23. ROSENGARTEN
24. HIRSCHGARTEN
25. FRANZISKANER GARTEN
26. LAIMER'S
27. ZUM GRÜNEN BAUM
28. NEUE FASANERIE
29. INSEL MÜHLE
30. WALDWIRTSCHAFT
31. SIEBENBRUNN
32. HINTERBRÜHL
33. MICHAELIGARTEN
34. LEIBERHEIM

W0334706

MÜNCHENS SCHÖNSTE BIERGÄRTEN

Eine Liebesgeschichte

Spätromantischer Fotoroman mit 34 Münchner Biergärten in den Nebenrollen

von Martin Bolle, Markus Keller
und Ono Mothwurf

DIE BAYERISCHE BIERGARTENVERORDNUNG

4. JANUAR 1812

Am 4. Januar 1812 unterzeichnet

KÖNIG MAXIMILIAN I.

folgenden Erlass:

„... den hiesigen Bierbrauern gestattet seyn solle, auf ihren eigenen Märzenkellern in den Monaten Juni, Juli, August und September selbst gebrautes Märzenbier in Minuto zu verschleißen, und ihre Gäste dortselbst mit Bier u. Brod zu bedienen. Das Abreichen von Speisen und anderen Getränken bleibt ihnen aber ausdrücklich verboten."

Dieses Schreiben gilt als Geburtsurkunde des Biergartens. Aus dieser Zeit sind in München der Augustiner-Keller, der Paulaner am Nockherberg sowie der Hofbräukeller als Keller-Biergarten erhalten.

DER ZEIT VORAUS.

Ganz Bayern feiert im Jahr 2016 500 Jahre Reinheitsgebot. München kann da nur milde lächeln. Hier wurde dieses Jubiläum schon 1987 gefeiert. So alt ist nämlich das Münchner Reinheitsgebot.

Jaaawoi!

LIEBE LESERIN, LIEBER LESER,

dieses Büchlein enthält keinen einzigen Biergutschein, wir bitten das zu entschuldigen. Es wurde auch nicht von den Biergärten finanziert, wie das sonst oft gemacht wird. Erst recht von keiner Brauerei.

Wir haben diese Sammlung gemacht, um uns dafür zu bedanken, dass man hier auch heute noch sein Bier so trinken kann wie vor zweihundert Jahren, in einer Epoche, die Romantik hieß: Mit einem Picknickkorb, voll mit selbst mitgebrachten Köstlichkeiten. Dass man den Tisch so schmuckvoll decken kann, wie man will. Oder auch einfach nur auf dem blanken Holz seine Brezn auf einer Papierserviette ausbreitet. Und dass das Münchner Bier so gut ist, wie sonst nirgendwo auf der Welt.
Danke für das alles, liebe Biergärten!

Dass am Ende eine romantische Liebesgeschichte daraus geworden ist, die alle Biergärten miteinander verbindet, ist da nur logisch.

Martin Bolle, Markus Keller, Ono Mothwurf

ZEFIX!

1

Wo alles begann.

AUGUSTINER-KELLER

„Göttlich!"

Tobi steuert einen der wenigen noch freien Tische an und freut sich. Fünf Freunde, fünf Mass, zwei große Brezn, drei Steckerlfische – besser geht's eigentlich nicht. Oder doch? Manchmal schon. Da schieben sich nämlich plötzlich die Wolken zur Seite und die Sonne blinzelt durch die hohen Kastanien, die das neueste Grün der Saison tragen. Es ist der erste warme Biergarten-Nachmittag im Jahr und die Blätter sind noch klein und hell, und so erreicht die Wärme die Tische und breitet sich aus. Und jetzt ist München so einmalig auf der Welt, so einzig, dass es fast wehtut. Vor allem, wenn du an die Alternativen denkst, die Frankfurt oder London heißen oder so. Du sitzt mitten in der Stadt und doch am Land. Hundert Meter von dir entfernt braust die Bahn mit ihren 36 Gleisen und du sitzt im Garten. Es pulsiert und ruht gleichzeitig im Augustiner-Keller. Das ist der Moment, in dem den fünf Freunden das alles klar wird. „Göttlich!“, sagt Bene nur und alle nicken. Sie würden es nie konkreter formulieren, denn wer weiß – nichts hält ewig und vielleicht vertreibt man das Glück, wenn man von ihm spricht. Und damit die fünf diesen Moment ganz bestimmt nie vergessen, findet die Sonne zwischen den dünnen Blät-

„Servus,
kennen wir uns?“,

sagt das eine Mädchen, das mit den goldenen Zöpfen

tern eine freie Stelle und leuchtet auf den Tisch, dass die Bierkrüge funkeln wie Bernsteine im 10-kW-Scheinwerfer von Arri.

Und obwohl man glaubt, dass es wirklich nicht noch besser geht, laufen nun auch noch drei Mädchen mit Bierkrügen zwischen den Bänken durch und halten nach irgendwas Ausschau. „Freundinnen von Euch?“, fragt Tobi im Aufstehen. Und während die vier anderen „nö“ oder „leider ned“ sagen, steht Tobi schon und winkt ihnen nach Kräften zu. Zögernd kommen die drei an den Tisch. „Servus, kennen wir uns?“, sagt das eine Mädchen, das mit den goldenen Zöpfen. „Na, eben ned, deswegen winke ich ja so angestrengt!“, entgegnet Tobi. „Wir hätten noch drei Platzerl für euch, wenn ihr sonst nix Besseres vorhabts.“ Die drei sehen sich an, sagen „nein, haben wir nicht“ und setzen sich. Tobi stellt seine Freunde vor: „Das sind René und Bene, die sitzen immer nebeneinan-

der, das ist Marc, der sitzt immer außen, weil er den größten Durscht hat, und Tom und ich sitzen immer mittendrin. Apropos Durscht ...“, und er hebt seine Mass und alle lassen

„Entschuldige. Ich bin der Tobi.“

„Marie ...“, sagt sie und hebt ihre Stimme

ihre Krüge scheppern.
„Gut“, sagt das Mädchen mit den Zöpfen aus Gold, bevor sie die Mass wieder abgestellt hat. „Und du bist also der namenlose Trinker mittendrin?“ – „Entschuldige. Ich bin der Tobi. Und du?“
„Marie ...“, sagt sie und hebt ihre Stimme, so als wollte sie noch etwas hinzufügen, doch lässt sie es offen. „Und das sind Babsi und Lara.“
Gerne wäre Tobi jetzt mit Marie allein am Tisch gesessen und hätte sich mit ihr unterhalten. Denn man kennt das ja: In einer frisch zusammengewürfelten Achtergruppe gibt es Wichtigeres als das Zweiergespräch. Wer macht die besten Sprüch´, wer kriegt die lautesten Lacher? Da Tobi und Marie sich hier als ebenbürtige Gegner erweisen, bleibt leider keine

„Aber ned scho wieder hier!"

„Auf gar keinen Fall."

Zeit für mehr.
Und dann leert sich der Biergarten plötzlich, die Schank sperrt zu, die acht spazieren zum Ausgang, der lustige Abend ist vorbei und die Gelegenheit zum Kennenlernen auch. Telefonnummern austauschen? Uncool. Facebook? Spinnst jetzat! Es bleibt bei einem: „Wir sehen uns wieder. Um halb sieben im Biergarten."
„Aber ned scho wieder hier!"
„Auf gar keinen Fall. Das nächste Mal woanders. Sonst wär's ja zu leicht."
„Logisch. Na dann – bis um halb sieben. Im Biergarten!"
„Marie?", sagt Tobi noch. „Foto!" Also werden noch ein paar Fotos geschossen, aber mehr erlaubt die Coolheit einfach nicht, zefix no amoi!
Vor losen Verabredungen wie dieser kann nur gewarnt werden.

Schon in Kapitel 1 jedes Dating-Ratgebers steht: Eine erfolgreiche Verabredung kann nur dann funktionieren, wenn Ort und Zeit auf beide Partner abgestimmt sind. Davon konnte hier wirklich keine Rede sein.

Normalerweise wären die beiden nach diesem Abend ein Paar.

Gott sei Dank ist es anders gekommen.

AUGUSTINER-KELLER

Maxvorstadt

ARNULFSTRASSE 52
80335 MÜNCHEN
TEL. 089 594393

AUGUSTINERKELLER.DE

WIRTSLEIT

PETRA & CHRISTIAN VOGLER

Das Wirtspaar Christian und Petra Vogler bewirtschaftet den Augustiner-Keller seit 2010. Die beiden Pächter sind nicht nur miteinander, sondern auch mit dem Wirtsberuf verheiratet. Als Familienmenschen suchen sie das Gespräch mit ihren Gästen und wollen, dass sie sich rundum wohlfühlen.

BRAUEREI
AUGUSTINER

Öffnungszeiten

BIERGARTEN:
Täglich von 11:30 Uhr bis ca. 24:00 Uhr

RESTAURANT:
Täglich von 10:00 Uhr bis 01:00 Uhr

TERRASSEN:
Täglich von 10:00 Uhr bis 24:00 Uhr

WOS
KOST'S?

Münchner Wurstsalat	7,70 €
Obazda mit Brot	7,70 €
Breze *klein*	1,10 €
Münchner Weißwurst *1 Stück*	2,95 €
Schweinsbraten	12,20 €
Mass Bier	7,80 €
Weißbier *0,5 l*	4,00 €
Apfelschorle *0,5 l*	3,40 €

SPEZIALITÄTEN
DES HAUSES

Frischer Kaiserschmarrn
(mit Mandeln, Rosinen, Preiselbeeren und Apfelmus)

GESCHICHTE

1812

1812 wird der heutige Augustiner-Keller im Münchner Stadtplan als Bierlagerstätte erstmals erwähnt. Obwohl der Biergarten an der damaligen Salzstraße gegenüber der früheren Hinrichtungsstätte lag, galt er als einer der schönsten der Stadt. 1880 erwarb der damalige Eigentümer der Augustiner-Brauerei den Betrieb und gab ihm seinen heutigen Namen.

5.000

SITZPLÄTZE

So viele Sitzgelegenheiten bietet der Biergarten im Außenbereich, und nochmals 1000 Plätze im Inneren – das macht den Augustiner-Keller zum drittgrößten Biergarten im Münchner Stadtgebiet.

Die Biergartentradition wird hier besonders hochgehalten: Die Holzfässer werden gut sichtbar auf den sogenannten Gantern angezapft und jedes neue Fass wird mit dem traditionellen Ritual des Glockenläutens gefeiert.

ANEKDOTEN

SO WAR´S

1891 wird der letzte Bierochse in den Ruhestand geschickt. Bis dahin war es die Aufgabe von Rindviechern, das im Keller gelagerte Bier immer im Kreis trottend über ein Seil- und Windensystem ans Tageslicht zu befördern.

2

Das wär' einfach zu einfach gewesen.

MAX-EMANUEL-BRAUEREI

MAX-EMANUEL-BRAUEREI

„Du bist ja so bled, dass da Sau graust!"

Marie sperrt das Fahrradschloss auf und zieht ihre Strickjacke an. Dann zieht sie die Strickjacke wieder aus. Sie weiß nicht, ob ihr jetzt heiß oder kalt sein soll. Verwirrt knallt sie die Jacke in den Fahrradkorb vorne am Lenker. Ja sicher, das war ein schöner Abend. Aber irgendetwas sagt ihr, dass das ein Riesenfehler war.

Am nächsten Morgen, gleich nach dem Aufwachen, merkt sie es dann. Was der Fehler war. Als sie zum Telefon greift und Tobi eine Nachricht schreiben will. Da stellt sie fest ... ja genau. „Du bist ja so bled, dass da Sau graust!", meldet sich ihr Unterbewusstsein zu Wort, das alles andere als Hochdeutsch aufgewachsen ist. „Du brunzdumme Kua, du damische!" In einem Traum der letzten Nacht war ihr Tobi erschienen. Darin hatten sie das Geplänkel, das am Biertisch so vielversprechend begonnen hatte, fortgeführt. Und jetzt war er weg, der Sauhund, und nichts hat er dagelassen. Gar nichts. Nicht einmal eine varreckte Telefonnummer. Nur so eine vage Verabredung im Biergarten, Kruzifünferl no amoi! Im Geist macht sich Marie eine Biergartenliste und plötzlich hat sie eine Vision: Tobi ist ein Schwabinger. Natürlich! Sie sieht alles ganz klar vor

„Kimmt no wer?" — „Na …",

murmelt Marie abwesend

sich: Er wohnt Barer / Ecke Adalbertstraße. Und wohin geht er da? Natürlich ins MaxE, den Vorgarten der Schwabinger, wenn die Schwabinger grad nicht in ihrem richtigen Garten sind, dem Englischen. Marie muss über ihren Scharfsinn lächeln. Also verabredet sie sich mit ihrer Schwabinger Freundin Luise im Biergarten der Max-Emanuel Brauerei. „Aber schon um halb sieben, sonst kriegen wir nur noch im Bedienteil einen Platz!" Das ist nämlich das Schöne an MaxE. Obwohl er mitten in der Stadt ist, in einem Innenhof, umgeben von fünfgeschossigen Wohnhäusern, ist er kein Restaurantgarten, sondern ein richtiger

Biergarten mit einem kleinen Selbstbedienungsstandl, eigene Brotzeit mitbringen ist erlaubt.
Zwei Stoffservietten müssen als Geschirr reichen, entscheidet Marie, als sie den Korb packt, ein Becher mit einem Käseaufstrich, den man als Obazdn durchgehen lassen kann, war noch im Kühlschrank, ein Bund Radieserl dazu – frische Brezn gibt's dann hoffentlich vor Ort.
Marie geht zur Sicherheit durch den Haupteingang hinein, nicht dass der Tobi da zufällig vorne herumsitzt. Doch auch auf der Holzterrasse: Kein Tobi. Und unten auf dem Kies unter den Kastanien auch nicht. Bestimmt kommt er noch, denkt sie, während sie sich einen Russen bestellt. Immer noch besser als ein Löwenbräu-Radler ist ein Franziskaner-Russ. Die Brezn sehen frisch aus und sind es Gott sei Dank auch – es gibt ja nichts Schlimmeres als eine Mittagsbrezn am 18:30.
Obwohl das ganze Drumrum stimmt, bleibt Marie den ganzen Abend ungewöhnlich einsilbig, findet ihre Freundin. „Warum schaugst denn immer zum Eingang? Kimmt no wer?"
„Na ...", murmelt Marie abwesend. „Glaub ned."
Als Erkenntnis bleibt ihr für den Abend nur folgende: Wenn jemand wie Tobi wahrscheinlich in der Adalbertstraße wohnt, dann möchte er höchstwahrscheinlich auch einmal ein bisschen mehr sehen von der Welt

als den Hinterhof der Adalbertstraße. Es wurde also Zeit für Marie, ihren Horizont biergartentechnisch zu erweitern.

Ein Bier allein macht auch nicht glücklich.

Aber sich den Abend schönzutrinken, kommt nicht in Frage.

2

MAX-EMANUEL-BRAUEREI

Maxvorstadt

ADALBERTSTRASSE 33
80799 MÜNCHEN
TEL. 089 2715158

MAX-EMANUEL-BRAUEREI.DE

WIRTSLEIT

CECIL & JOSEF

MITTERMEIER

Reinhard Josef Mittermeier (auch Sepp genannt) ist mit 70 Jahren am 15. August 2015 gestorben. Er war 26 Jahre lang Wirt der Max-Emanuel-Brauerei und ein sehr fleißiger und hilfsbereiter Gastronom und Chef. Den Biergarten übernimmt nun seine Frau Cecil Mittermeier.

Seit bald 50 Jahren findet das „weiße Fest" zu Fasching im Traditionsgasthaus statt und ist während der närrischen Zeit aus München ebenso wenig wegzudenken, wie der Tanz der Marktweiber auf dem Viktualienmarkt.

BRAUEREI

LÖWENBRÄU MÜNCHEN

Öffnungszeiten

BIERGARTEN:
April bis Oktober
Täglich von 11:00 Uhr bis ca. 23:00 Uhr

RESTAURANT:
Täglich von 11:00 Uhr bis 24:00 Uhr

WOS

KOST'S?

½ Hendl	6,90 €
Münchner Wurstsalat	7,20 €
Obazda mit Brot *(mit großer Brezn)*	8,80 €
Breze *klein*	1,10 €
Münchner Weißwurst *(1 Paar Weißwürtste mit kl. Breze)*	5,50 €
Schweinsbraten	10,50 €
Mass Bier	7,80 €
Weißbier *0,5 l*	4,20 €
Apfelschorle *0,5 l*	3,80 €

SPEZIALITÄTEN DES HAUSES

Brotzeitschnitzel gefüllt mit Obazda *(dazu Pommes Frites)*

Abgebräunter Breznknödel *(mit Rührei, Cherry-Tomaten, Lauchzwiebeln und Kürbiskernöl)*

750

SITZPLÄTZE

Der Biergarten ist mitten im Univiertel gelegen und erfreut sich auch dank der Aktionspreise bei den Studenten hoher Beliebtheit. Denn es gibt täglich zur Sommerzeit von 16 bis 18 Uhr und im Winter von 17 bis 19 Uhr die Halbe Helles für nur 2,20 Euro und die Maß für 4,40 Euro.

Zapf Dir's. Das ist seit 2000 das Motto am besonderen Tisch für 20 Personen. Hier können die Gäste aus einer Mini-Bier-Schänke am Tisch ihre Mass selbst zapfen.

GESCHICHTE

1880

Der bayerische Kurfürst Maximilian-Emanuel hinterließ dem bayerischen Volk nicht nur seinen Namen für die heutige Institution der Max-Emanuel-Brauerei. Auch eine Schuldenlast von 26 Millionen Gulden vermachte er seinen Landsleuten. Ein Graben hingegen, den er als Feldherr im Türkenkrieg gegen seine osmanischen Gegner ausheben ließ, gab der heutigen Türkenstraße ihren Namen.

ANEKDOTEN

SO WAR´S

In den 90er-Jahren zählte die Max-Emanuel-Brauerei zu den Drehorten für die bayerische Kultserie ‚Monaco Franze'. Hier traf der Franze auch als Münchner Kriminalkommissar sein früheres Gspusi Lilly auf einer Faschingsfeier.

3

Tobi denkt nach.
(Wurde auch Zeit.)

PARK CAFÉ

Liebe Gäste,
PARKCAFE

Treffpunkt

Es ist nicht einmal besonders warm, aber München fühlt sich trotzdem an wie Florenz. Nur grüner. Obwohl man das um diese Uhrzeit nur erahnen kann. Auf der Feierbanane von der Sonnenstraße bis zum Maximiliansplatz tobt das Leben, und hinterm Stachus, am Alten Botanischen Garten, schickt der Resident DJ seine Bässe über die Wiese und den Neptunbrunnen.

Und während Tobi so durch den Park radelt, merkt er, dass sein Durst doch noch nicht gestillt ist. Zuletzt war er im Januar im Park Café-Garten auf einem Geburtstag gewesen, in einer gemütlichen Blockhütte, die da eigens aufgebaut war, für Partys und private

Hoibe ziemme

Feiern. Damals hatte sich München dann doch nicht wie Florenz angefühlt, sondern eher wie Meran. Mit einem halben Meter Neuschnee im Biergarten, der während der Party gefallen war. Quer über die tief verschneite Kiesfläche ist er damals nach Hause gestapft, es war ganz still, die Schneeflocken fingen alle Geräusche der Stadt auf und ließen sie langsam zu Boden sinken. Es war nichts zu hören, außer dem eigenen Atem und dem Knirschen, das der zusammengedrückte Schnee unter den Schuhen erzeugte. Und natürlich dem Kichern des Mädchens, das er auf den Armen über die Schneefläche trug. Seitdem weiß Tobi auch, dass eine Lederhose,

wollene Kniestrümpfe und Haferlschuhe eine durchaus brauchbare Winterkleidung abgeben. Diese schöne Erinnerung wollte er auffrischen und nachschauen, ob die weiße Pracht mittlerweile weggetaut war.

„Einen Schnitt",

sagt Tobi

„Einen Schnitt", sagt Tobi leichthin. Der Schank-Kroate schaut ihn schief an.

„Die Bar ist drinnen. Halber Liter ist Minimum hier im Biergarten."

„Is scho recht. Ich zahl´ einen halben Liter. Aber ich will nur einen Schnitt. Mach einfach die Pippn auf und wieder zua, und guad iss."

Der Schankkellner zuckt mit den Schultern, öffnet den Hahn kurz und schließt ihn wieder. Tobi nimmt das schaumgefüllte Glas, prostet ihm zu, zahlt und setzt sich in den Garten. Ein Pärchen kuschelt sich unter einer Decke zusammen und in diesem Moment muss er an Marie denken. Heißt sie Marie? Oder Sophie? Verflixt, so geht das nicht mehr weiter mit deinen Frauengeschichten, Tobi. Wenn du dich nur noch an die Endung erinnern kannst. Die Liste mit irgendwas mit i ist lang: Natalie, Silvie, Animie, Lily, Marie, Sofie, Dorli, sie waren alle nicht die Richtigen gewesen. Oder hat er nicht richtig hingeschaut? Zu schnell verabredet, zu schnell im Bett gelandet, zu schnell gelangweilt, keine Chance zum Kennenlernen. In einer ziemlich nachdenklichen Stimmung radelt Tobi nach Hause.

Der Sinn des Lebens.

*Er lässt sich durch die Zugabe von Hopfen
und Malz erweitern.*

3

PARK CAFÉ

IM ALTEN BOTANISCHEN GARTEN

Maxvorstadt

SOPHIENSTRASSE 7
80333 MÜNCHEN
TEL. 089 51617980

PARKCAFE089.DE

WIRTSLEIT

KATRIN & CHRIS

LEHNER

Seit 2006 leitet Familie Lehner das Haus als Speise- & Schankwirtschaft, Musikbühne und Biergarten. Katrin kümmert sich um die Organisation des Betriebes, Chris ist Barkeeper, Schankkellner, Koch und DJ in einer Person. Er ist ebenso Wirt vom Enchilada in der Gabelsbergerstraße und vom The Big Easy in der Frundsbergerstraße.

BRAUEREI

HOFBRÄU MÜNCHEN

Öffnungszeiten

BIERGARTEN:
Täglich von 11:30 Uhr bis ca. 24:00 Uhr

RESTAURANT:
Mo bis Do von 11:00 Uhr bis 01:00 Uhr
Fr von 11:00 Uhr bis 02:00 Uhr
Sa von 10:00 Uhr bis 02:00 Uhr
So, Feiertag von 10:00 Uhr bis 24:00 Uhr

WOS

KOST'S?

½ Hendl	6,90 €
Münchner Wurstsalat	7,50 €
Obazda mit Brot	6,80 €
Breze *klein*	1,70 €
Münchner Weißwurst *1 Stück*	2,70 €
Schweinsbraten, *Rollbraten vom niederbayrischen Landschwein mit Breznknödl und Bratensauce)*	10,90 €
Mass Bier	8,20 €
Weißbier *0,5 l*	4,20 €
Apfelschorle *0,5 l*	4,20 €

SPEZIALITÄTEN
DES HAUSES

Schweinsburger
(mit Jahrhundertsauce)

Spareribs Park Café-style
(FOB – fall off the bone)

Münchner Schaschlik
(nach Traditionsrezept)

1.750

SITZPLÄTZE

Das Park Café ist der Erfinder des Winterbiergartens in München: Mitte November bis Januar stehen vier Kunst-Eisstockbahnen und die gemütliche Almhütte im Biergarten. Es gibt einen riesigen Spielplatz, und auch die mit Sand aufgeschüttete Lounge wird gerne mal zum Sandkasten umfunktioniert.

Die After-Wiesn heißt hier Après Wiesn und steigt an den Wiesn-Wochenenden von donnerstags bis samstags.

GESCHICHTE

1937

Als NS-Prachtbau 1937 errichtet, etablierte sich das Park Café in den 50er-Jahren zum beliebten Treffpunkt mit Paartanz, Livemusik und Freischankfläche. In den 80er-Jahren erfand Hansi Grandl im Park Café die Idee eines legendären Clubs neu. Sämtliche Stars & Sternchen gingen hier ein und aus: Von Prince und Boy George bis Whitney Houston.

ANEKDOTEN

SO WAR´S

Chris Lehner war bereits in den 90er-Jahren Gast im Park Café. Oft an der härtesten Tür Münchens abgewiesen, hat er dann durch Zufall den Betreiber Hansi Grandl kennengelernt und war von da an Stammgast.

4

Bavarian girls drinking beer.

CHINESISCHER TURM

GESCHIRRABGABE

„Na, hast ihn getroffen?"

„Na, hast ihn getroffen?", fragt Babsi am nächsten Morgen. Ihre beste Freundin war damals dabei gewesen und hat live mitbekommen, wie es zwischen den beiden gefunkt hat. Marie will sich nicht anmerken lassen, dass sie den Tränen nahe ist und fragt nur: „Wen?"

„Na den Dings, deinen Verehrer aus dem Biergarten."

„Ich hab´ in jedem Biergarten Verehrer. Meinst, ich kann mir all die Namen von meinen Gschamsterer merken du Tschapperl?" (Manchmal hilft

Marie atmet tief durch und sagt:

„Ja der, stimmt, der war echt nett."

ihr eine kraftvolle Ausdrucksweise, um Ärger und Frust abzubauen. Oder, wie in diesem Fall, Tränen runterzuschluchzen, pardon: zu schlucken.)
Babsi tut so, als hätte sie die Attacke überhört und lässt nicht locker: „Ah, jetzt weiß ich´s wieder: der Tobi aus dem Augustiner. So ein lustiger Kerl. Und ein fescher noch dazu!"
Marie atmet tief durch und sagt: „Ja der, stimmt, der war echt nett." (Die Tränen blieben drin. Noch.) Doch Babsi, ihre wirklich allerbeste Freundin, hat ihr Pulver noch nicht ver-

schossen. „Wart ihr nicht verabredet, um halb sieben im Biergarten?“
Peng, Schluss, aus, mehr hat Marie nicht gebraucht, ein Kleinhesseloher See ergießt sich nun über ihre Wangen. Dagegen hätte kein noch so def-

„Ja, aber …“,

schluchzt die verzweifelte Marie

tiger Fluch mehr geholfen.
Babsi hockt sich neben das zusammengesunkene Häuflein Elend und legt den Arm sanft um ihre Freundin. „München ist doch ein Dorf. Da geht keiner verloren. Wirst sehen, den hast bald wieder.“
„Ja, aber …“, schluchzt die verzweifelte Marie. „Jetzt war ich doch schon überall. Wo soll ich denn noch hingehen? Zum Chinaturm vielleicht? Zu de ganz´n Japaner?“
Babsi blickt sie nachdenklich an: „Du, das ist vielleicht gar keine so blöde Idee.“

Und so kommt es, dass die beiden tatsächlich am Chinesischen Turm landen. Natürlich trifft das Vorurteil zu, dass der Chinaturm ein Touristengarten ist. Aber was ist denn ein Biergar-

„Wir müssen mal zum Kocherlball gehen, das ist ein Spaß."

tenbesuch ohne das schöne Gefühl, von den ausländischen Gästen als Eingeborene bewundert (und beneidet) zu werden. „Eigentlich komisch, dass ich noch nie hier war. So schlecht ist das gar nicht."

„Wir müssen mal zum Kocherlball gehen, das ist ein Spaß", sagt Maries Freundin. „Bis zum Juli hast du deinen Tobi bestimmt gefunden. Dann kannst du ja mit ihm zusammen Landler tanzen, um sechs in der Früh. Oder die Münchner Française – das ist eine Riesengaudi, das glaubst ned!"
Marie ist von der Idee wirklich begeistert. Aber insgeheim, tief drin in ihrem zweifelnden Herzen, hat sie die Sorge, dass sie es bis zum dritten Sonntag im Juli nicht schaffen würde.

Geduld ist das
Geheimnis des Bierbrauens.
Aber leider nicht die Stärke von Marie.

GESCHIRRABGABE – RETURN USED DISHES HERE
Vielen Dank! – Thank you!

DAMEN
WOMEN
HERREN
MEN

4

CHINESISCHER TURM

Lehel

ENGLISCHER GARTEN 3
80538 MÜNCHEN
TEL. 089 3838730

CHINATURM.DE

WIRTIN

ANTJE SCHNEIDER

GEB. HABERL

Antje Schneider ist die Tochter von Anneliese und Hermann Haberl und damit im wahrsten Sinne des Wortes eine geborene Gastronomin: Nach ihrer Kochlehre bei Gerd Käfer stieg sie 1990 in die Gastronomie ein. Ihr erstes eigenes Lokal war 1996 die Kugler Alm, mittlerweile betreibt die vierfache Mutter mehrere Biergärten in München, darunter den Chinesischen Turm. Mit der Ochsenbraterei ist sie auch Wirtin auf der Wiesn.

BRAUEREI

HOFBRÄU MÜNCHEN

Öffnungszeiten

BIERGARTEN:
Täglich ab 10:00 Uhr,
Durchgehend warme Küche
von 11:30 Uhr bis ca. 21:30 Uhr

WOS

KOST'S?

½ Hendl	7,50 €
Münchner Wurstsalat	5,20 €
Obazda mit Brot	5,80 €
Breze	1,20 €
Münchner Weißwurst *1 Stück*	2,00 €
Schweinsbraten	5,80 €
Mass Bier	7,70 €
Weißbier *0,5 l*	4,10 €
Apfelschorle *0,5 l*	3,20 €

7.000

SITZPLÄTZE

Damit ist der Biergarten am Chinesischen Turm der zweitgrößte Biergarten in München. Neben einem großen Spielplatz für die Kleinen dreht sich dort auch ein historisches Kinderkarussell, nachgebaut nach dem Original von 1913.

Etwas ruhiger, dafür aber sehr romantisch wird es im Advent, wenn der Weihnachtsmarkt rund um den Chinesischen Turm öffnet.

Für viele Münchner ein absoluter Pflichttermin ist der Kocherlball, der einmal im Jahr im Sommer stattfindet: Im 19. Jahrhundert trafen sich die Dienstboten in den Sommermonaten noch vor Arbeitsbeginn zum Tanzen am Chinesischen Turm. In dieser Tradition versammeln sich heute bis zu 15.000 Besucher um 6 Uhr früh zu Musik und Zweifachem – und verbringen den restlichen Tag auf der Picknickdecke im Englischen Garten.

GESCHICHTE

1790

Der Chinesische Turm ist seit 1790 beliebter Ort für Musik- und Tanzveranstaltungen. Mehrmals fiel der Turm einem Feuer zum Opfer und wurde dann wieder aufgebaut. Zuletzt brannte er im Zweiten Weltkrieg ab und wurde 1952 originalgetreu nachgebaut. Der Turm ist komplett aus Holz, hat fünf Stockwerke, 48 Glocken (ursprünglich 60, die untersten wurden gestohlen) und ist 25 Meter hoch.

ANEKDOTEN

SO WAR´S

Ganz früher konnte man sich sein Essen noch bis in den dritten Stock auf den Turm liefern lassen.

5

Ein guter Plan, eine schlechte Ausführung.

LÖWENBRÄUKELLER

Ein Plan muss her!

Als Tobi sein Espressokännchen vom Herd nimmt und den heißen Kaffee in die Schale mit der aufgeschlagenen heißen Milch gießt, hat er einen Plan gefasst: Er will sein Leben ändern. Solide werden. Die Suche nach der Richtigen systematisch angehen. Nicht mehr jeder Gelegenheit nachgeben. Sondern auf die Beste warten. Und wenn das am

Ende Marie oder Sofie ist, soll es ihm recht sein. Die Münchner Biergärten würden ihm dabei helfen. Während er einen italienischen Keks in den Kaffee tunkt, macht er seine Liste. Ganz oben stehen die Biergärten, an denen er sowieso ständig vorbeifährt, und dann geht es von der Innenstadt nach außen. Der Löwenbräukeller am Stiglmaierplatz ist ohnehin seine zweite Heimat, weil er gleich um die Ecke in der Augustenstraße arbeitet. An schönen Tagen die Mittagspause im Biergarten, bei Regen in der Bierhalle – Tobi ist süchtig nach den Spareribs. Und obwohl das Helle von Löwenbräu nicht sein Lieblingsbier ist – hier schmeckt es ihm. Natürlich ist Voraussetzung, um auf Tobis Liste zu kommen, dass sich dieser wie

jeder Original-Biergarten an die bayrische Biergartenverordnung hält, die neulich ihren zweihundertsten Geburtstag feierte. Darin ist festgelegt, dass im Biergarten mitgebrachte Speisen verzehrt werden dürfen. Lei-

„Wenn ich schon nicht die Frau für's Leben finde, dann ..."

der gibt es mittlerweile etliche Restaurant-Gärten, die sich Biergarten nennen, obwohl es nur einen Bedienbereich gibt. Die dürfen nicht auf Tobis Liste. Am Ende, nach einigem Suchen, hat er 34 Biergärten gefunden, die seinen Kriterien genügen. In vielen von ihnen war er überhaupt noch nie, von einer Handvoll hatte er noch nicht einmal gehört. „Schön!", denkt er bei sich. „Wenn ich schon nicht die Frau für's Leben finde, dann finde ich ja vielleicht einen neuen Biergarten fürs Leben. Oder vielleicht finde ich ja sogar beides?"

Abends, pünktlich um halb sieben, ist er im Löwenbräukeller, René und Bene sind auch dabei, und die beiden wundern sich ein wenig. Denn weder macht Tobi jedem hübschen Mäd-

„Du vertreibst uns ja noch alle Hasen, du alter Muffel."

chen, das am Tisch vorbeispaziert, Komplimente, noch versucht er, die Aufmerksamkeit von reinen Mädchentischen zu ergattern.
„Mit dir ist auch nichts mehr los", mault Bene. „Du vertreibst uns ja noch alle Hasen, du alter Muffel."
Am Ende des Abends packt Tobi seine Liste aus und unterstreicht Parkcafé und Löwenbräukeller. Dann heftet er den Zettel an die erste Kastanie nach dem Eingang.
Überschrift: Ich war hier.
Und wo warst du?
Tobi.

LÖWENBRÄUKELLER

Maxvorstadt

NYMPHENBURGER STRASSE 2
80335 MÜNCHEN
TEL. 089 54726690

LOEWENBRAEUKELLER.COM

WIRTSLEIT

CHRISTIAN & JOHANNA

SCHOTTENHAMEL

Christian und Johanna Schottenhamel bezeichnen sich selbst als „Gastgeber aus Leidenschaft". Mit dieser führen sie mehrere Biergärten, betreiben aber auch das Schottenhamel-Festzelt auf der Wiesn, in dem o´zapft wird. Den Löwenbräukeller bewirtschaften sie nun seit 2008.

BRAUEREI

LÖWENBRÄU MÜNCHEN

Öffnungszeiten

BIERGARTEN:
Täglich von 11:00 Uhr bis ca. 23:00 Uhr

RESTAURANT:
Täglich von 10:00 Uhr bis 24:00 Uhr

WOS

KOST'S?

½ Hendl	8,50 €
Münchner Wurstsalat	7,50 €
Obazda mit Brot	5,50 €
Breze	1,50 €
Münchner Weißwurst (*1 Stück*)	2,70 €
Krustenrollbraten, *mit Kartoffel-Gurkensalat*	9,50 €
Mass Bier	8,20 €
Weißbier *0,5 l*	4,20 €
Apfelschorle *0,5 l*	3,90 €

SPEZIALITÄTEN DES HAUSES

Spareribs
(aus dem Smoker mit BBQ Soße)

Alpen Burger
(mit 200g Rindfleisch und Kartoffel Wedges)

1.000

SITZPLÄTZE

Der Löwenbräukeller ist eine Oase in der Innenstadt. Die Schmankerl-Gasse mit Smoker-Grill, Flammkuchen und Ofenkartoffeln, ist bei den Besuchern sehr beliebt, ebenso die Broterei, in der herzhafte Brote und Flammkuchen hergestellt werden. Die Gäste bilden eine schöne Mischung aus Jung und Alt, Einheimischen, Touristen und Gästen zum Mittagstisch.

Zu großen Fußballereignissen, wie WM und EM, gibt es hier ein großes Public Viewing für jedermann.

GESCHICHTE

1883

Der Löwenbräukeller wird 1883 unter riesigem Andrang eröffnet. Sensationell war seinerzeit der erstmalige Einsatz von Tischtüchern und Servietten. Zudem mussten Gäste ihren Keferloher Bierkrug nicht mehr selbst in der offenen Brente spülen. Im Krieg schwer zerstört, werden Biergarten und die daran angrenzende große Festhalle bis 1955 in veränderter Form wieder aufgebaut. 1986 brennt der Festsaal vollständig aus, wird 2008 renoviert und modernisiert. Ideal, wenn das Wetter dem Biergartenbesuch einen Strich durch die Rechnung machen will.

ANEKDOTEN

SO WAR´S

1911 zierte ein großer Bronzelöwe auf einem hohen Sockel den Eingang zum Löwenbräu-Gelände auf der Nymphenburger Straße. Während des Krieges stürzte der Löwe herunter und stand mit diesem Spruch inmitten der Trümmer:

Ich bin vom Postament gestiegen,
Doch laß` ich mich nicht unterkriegen.
Zwar hat mein Fell ein Loch –
Aber brauen kann ich doch!

6

Knapp daneben.

SEEHAUS

„Teilen wir uns eine Mass?"

Auf dem Nachhauseweg vom Chinesischen Turm radeln Babsi und Marie am Kleinhesseloher See vorbei, und als sie vom anderen Ufer aus das Getümmel im Biergarten sehen, bremst Marie abrupt ab und zeigt hinüber: „Und was, wenn Tobi da drüben sitzt?"
„Also, es steht wirklich nirgends geschrieben, dass man pro Tag nur einen Biergarten besuchen darf", entgegnet Babsi. „Teilen wir uns eine Mass?" Und so kommt es, dass die beiden bald in der ersten Reihe am See sitzen, die hübschen jungen Mädchen haben es da einfacher, an die besseren Plätze zu kommen, da rücken vier ältere Herren gelegentlich auch mal zusammen. Und bieten ein Stück von ihren Brezn an, den zwei armen Studentinnen, die sich nur ein Bier leisten können.
Bald übertreffen sich die Herren gegenseitig mit Biergartengeheimnissen. Gemeinsam wird im Erfahrungsschatz von 220 Jahren geschürft, Namen kommen zum Vorschein, die weder Marie noch Babsi jemals gehört haben. Tannengarten? Leiberheim?
„Kommt, wir machen eine Liste!" Mit vereinten Kräften und nach heftigen Diskussionen stehen 36 Biergärten auf der Liste. Und dann versinkt die Sonne im See, und die echten Schwäne und ihre großen Plastik-Verfolger mit den strampelnden Passagieren darinnen kreisen durch die funkelnde Fläche, dass einem das Herz aufgehen möchte. An Seen ist Sehnsucht viel stärker zu spüren, denkt Marie, eigentlich müsste es Seensucht heißen. Und dann kommt mit der langsam

„Kommt, wir machen eine Liste!"

einfallenden Dämmerung die Gewissheit daher, dass Tobi hier auch nicht ist. Und dass diese Suche vielleicht eine ziemlich einseitige ist. Und dass so ein Versprechen, das unter Kastanien gegeben wurde, heutzutage leichter zu brechen ist als ein Salzstangerl, das oben zur Dekoration im Obazdn steckt. Ein aufgeweichtes.
„Das hat doch alles keinen Sinn“, entfährt es Marie.
Beim Rausgehen fällt ihr ein Zettel

„Das hat doch alles keinen Sinn“,

entfährt es Marie

ins Auge, der an einen Baum geheftet ist: ***Ich war hier. Und wo warst du? Tobi.***
Und die Liste stimmt auch mit ihrer überein, bis auf zwei Biergärten, die es offenbar mit der Biergartenverordnung nicht so genau nehmen. Es fühlt sich fast so an, als hätte sie ihn persönlich getroffen. Und mit einem Mal hat Marie das Gefühl, dass dieser Sommer doch irgendeinen Sinn haben wird.

Jagdfieber.

Ich weiß zwar nicht genau, wie sie heißt,
aber ich werde sie finden!

Es ist so schee, und doch tut's weh.

Manchmal ist einem einfach nicht zum Schunkeln zumute.

Wasser-Radler.

Mit dem Treten kommt man in München nicht nur auf Fahrradwegen weiter.

SEEHAUS

Schwabing

KLEINHESSELOHE 3
80802 MÜNCHEN
TEL. 089 3816130

KUFFLER.DE

WIRT

SEBASTIAN
KUFFLER

Seit 1985 wird das Seehaus von der Familie Kuffler bewirtschaftet und von Sebastian Kuffler (2. Reihe links) geführt. Die Familie betreibt in München mehrere Häuser, unter anderem das Spatenhaus an der Oper, das Mangostin, das Hotel München Palace und Kufflers Weinzelt auf der Wiesn. Zudem haben sie eine eigene Metzgerei, deren Spezialitäten im Biergarten angeboten werden.

BRAUEREI
PAULANER MÜNCHEN

Öffnungszeiten

BIERGARTEN:
Täglich von 11:00 Uhr bis ca. 24:00 Uhr ganzjährig, bei entsprechenden Wetterverhältnissen auch im Winter

RESTAURANT:
Täglich von 10:00 Uhr bis 01:00 Uhr

WOS
KOST'S?

½ Hendl	7,30 €
Münchner Wurstsalat	6,70 €
Obazda	6,90 €
Breze *klein*	1,50 €
Münchner Weißwurst *1 Stück*	2,60 €
Schweinsbraten	12,50 €
Mass Bier	7,90 €
Weißbier Mass	8,20 €
Apfelschorle *0,5 l*	4,30 €

SPEZIALITÄTEN
DES HAUSES

Schweinerollbraten
*(mit Knödeln
und Dunkelbiersauce)*

Kufflers Käsegriller

Frischer Blechkuchen
(von der hauseigenen Patisserie)

2.500

SITZPLÄTZE

Im Winter beeindruckt der Biergarten des Seehauses mit Holzbuden, winterlicher Deko und Feuerschalen zum Aufwärmen. Auch die Speisekarte ist winterlich: statt kühlem Bier gibt es wärmenden Glühwein, Punsch oder Tee und dazu Apfelkücherl oder warme Waffeln. Gegen den Hunger helfen die deftigen Eintöpfe oder Würstl sowie Wildspezialitäten. Für alle, die auch im Winter nicht auf das Biergarten-Feeling verzichten wollen.

Gegenüber steht gleich der Eiswagen mit Bio-Eis von Bartu.

GESCHICHTE

1811

Die Geschichte des Seehauses geht bis ins 18. Jahrhundert zurück. In der alten „Meierei" wurde zunächst nur Bier an Arbeiter ausgeschenkt, doch die Schenke wurde zunehmend beliebter und 1811 musste der Parkwächter zum ersten Mal Pacht bezahlen. Nach dem Zweiten Weltkrieg von der US Army belegt, wurde der Gaststättenbetrieb 1954 wieder aufgenommen und das Gebäude 1985 renoviert wiedereröffnet.

ANEKDOTEN

SO WAR´S

Wenn´s im Winter richtig kalt ist, friert der Kleinhesseloher See zu und wird zur Fläche für Eiskunstläufer und Eishockeyspieler. Die Sitzbänke, die die Gäste gerne auf dem Eis vergessen, werden dann im Frühling wieder aus dem See gefischt.

7

Das Herz von München. Und sein Magen.

VIKTUALIENMARKT

Grundnahrungsmittel mit süßem Senf

Über Leberkassemmeln kann man bekanntlich streiten. Die einen halten sie für das bayerische Grundnahrungsmittel schlechthin. Zusammen mit süßem Senf eine Delikatesse, auf Augenhöhe mit der Foie gras, die weiß-blaue Auster gewissermaßen. Die anderen sehen im Leberkäse eine Art Schlachtreste-Rampe. Erst recht heikel wird's beim Pferdeleberkäse. Gerade das weibliche Geschlecht bekämpft ihn erbittert. Vielleicht, weil es mit Pferdeserien wie Black Beauty aufgewachsen ist und selbst gern Pferdeschwänze trägt. Deswegen ist es wahrscheinlich gut, dass es mit dem Wiedersehen auch diesmal nicht klappt. Maries freundliches Bild von

Tobi hätte sicherlich ein paar irreparable Sprünge bekommen. Denn Tobi hat beschlossen, mit seinem Freund Marc zum Biergarten am Viktualienmarkt zu fahren. Kulinarisch ist dieser Garten nicht zu schlagen. Es gibt, was es in keinem Biergarten gibt. Nämlich ALLES. Die frischesten

„Schau mal, das ist doch dein Mädl aus dem Augustiner-Keller, oder?"

Semmeln, Würste, Fische, Suppen, Früchte, Käse. All die Marktstandln und Geschäfte am Viktualienmarkt bilden so etwas wie den erweiterten SB-Bereich des kleinen Biergartens rund um den Maibaum. Und selbstverständlich gibt es auch einen Pferdemetzger. Ab und zu braucht Tobi halt seinen Pferdeleberkäse. Marc holt sich zum Bier lieber eine Ochsensemmel, dazu kaufen die beiden ein paar Tomaten und ein Stückchen Angebotskäse vom Kasladl. Tomaten am Hydranten waschen, Taschenmesser aufklappen, los geht's. Da, wo am Faschingsdienstag die Marktfrauen tanzen, wird geschlemmt, was das Zeug hält. Gleich neben dem

„Erst
muss ich sie finden."

Valentin-Brunnen haben Tobi und Marc zwei freie Plätze gefunden, und während die beiden plaudern und kauen und trinken, fällt Marcs Blick auf ein in der Mitte durchgerissenes Foto.

„Schau mal, das ist doch dein Mädl aus dem Augustiner-Keller, oder?"

Tobi dreht den Kopf und da hängt tatsächlich Sofie oder Marie. Das Foto ihres Kennenlernens. Die Hälfte, auf der Tobi zu sehen war, ist abgerissen. Darunter die Aufschrift:
Lieber Tobi:
Ich bin nicht hier, ich bin nicht dort.
Ich bin an einem anderen Ort.
Marie.

Tobi spürt, wie sich sein Herzschlag beschleunigt. Er holt sein Telefon aus der Tasche und vergleicht das Bild

„Was Ernstes?",

fragt Marc

mit der Aufnahme. „Marie heißt sie. Ja klar. Und meinen Namen hat sie sich gemerkt. Und ein Foto ausgedruckt. Cleveres Mädchen."
„Was Ernstes?", fragt Marc, während er sich am Ochsen abmüht, den er auch schon einmal zarter erlebt hat.
„Weiß nicht", sagt Tobi. „Erst muss ich sie finden."

Bierbeilage.

Wenn das Bier aus ist, geht zur Not auch Champagner zum Steckerlfisch.

VIKTUALIENMARKT

Altstadt

VIKTUALIENMARKT 9
80331 MÜNCHEN
TEL. 089 297545

BIERGARTEN-VIKTUALIENMARKT .COM

WIRTSLEIT

WERNER & DIETER

HOCHREITER

Die Zwillingsbrüder Werner (links) und Dieter (rechts) sind Gastronomen in der 3. Generation und auch mit den zwei kleinen Zelten Zur Bratwurst und Haxnbraterei Hochreiter auf dem Oktoberfest vertreten. Der dritte Bruder, Erich, führt auf der Wiesn die Kalbsbraterei. Drei Brüder, drei Zelte.

BRAUEREI

ALLE 6 MÜNCHNER BRAUEREIEN IM WECHSEL

Öffnungszeiten

BIERGARTEN:
Mo bis Sa
von 9:30 Uhr bis ca. 22:00 Uhr
Bei schönem Wetter
auch am So geöffnet

WOS

KOST'S?

Münchner Wurstsalat	7,50 €
Obazda	5,80 €
Scheibe Brot/Semmel	0,80 €
Breze *klein*	0,90 €
Münchner Weißwurst *1 Stück*	2,50 €
Schweinsbraten, *mit Knödl und Salat*	11,50 €
Mass Bier	7,20 €
Weißbier *0,5 l*	3,70 €
Apfelschorle *0,5 l*	3,40 €

SPEZIALITÄTEN DES HAUSES

Hausgemachte Leberknödlsuppe

Resche Schweinshaxn
(wie von der Haxnbraterei)

Schweinsbraten

GESCHICHTE

1970

Seit der Entstehung des Viktualienmarktes um 1807 ist der Platz stetig gewachsen. Glücklicherweise hat die Münchner Stadtverwaltung nach der Zerstörung im zweiten Weltkrieg beschlossen, den Viktualienmarkt wieder aufzubauen. So erfreut er sich auch heute noch außerordentlicher Beliebtheit bei Feinschmeckern und Reisenden. 1970 wurde im Zentrum der kulinarischen Köstlichkeiten ein Biergarten eröffnet, der nicht nur Marktbummler und Touristen, sondern auch Einheimische und gelegentlich sogar Münchens Bürgermeister mit einem kühlen Bier lockt.

850

SITZPLÄTZE

Das Einmalige in diesem Biergarten: Alle Münchner Brauereien kommen im Wechsel zum Ausschank. In einem Rhythmus von ca. 6 Wochen löst hier die eine Brauerei die andere ab und übernimmt die Belieferung und das Löschen der durstigen Kehlen.

Neben den vom Biergarten angebotenen Schmankerln kann man sich natürlich auch am reichhaltigen Angebot des Viktualienmarktes bedienen.

ANEKDOTEN

SO WAR´S

Die Statue des Volksschauspielers Weiß Ferdl blickt von ihrem Brunnensockel mit Wohlwollen auf das fröhliche Miteinander herunter.

8

Englische Gartenarbeit.

AUMEISTER

„Um halb sieben im Biergarten."

Ja, es gibt sie: die Münchner Sommer, in denen sich die Stadt von Tag zu Tag mehr aufheizt und abends die Hitze nicht mehr hergeben will. Am Ende laufen alle nur noch in Flip-Flops herum, obwohl dieselben Leute noch Anfang Juni proklamiert hatten, dass Flip Flops im Büro ÜBERHAUPST nicht gehen. Das sind dann die besten Biergartennächte. Wenn die Jacke beim Heimradeln im Korb bleiben kann. An genau so einem Abend verabreden sich Lara und Marie mit ein paar anderen Freunden draußen beim Aumeister. Bei der Hinfahrt merken sie, wie groß der Englische Garten wirklich ist. Vom Monopteros aus sind es bis zum Aumeister 20 Minuten mit dem Rad. Wenn der Mittlere Ring, der im Moment den Garten noch in zwei Hälften zerschneidet, endlich unter der Erde ist, wird dieser größte Stadtpark der Welt endlich ganz sein. Und ganz ruhig.
Der Aumeister ist der nördlichste Garten des Englischen Gartens. Er war früher ein Jagdhaus, anders als in anderen Biergärten, wurden die Kastanien hier nicht gepflanzt, um

die darunterliegenden Biergewölbe zu kühlen, sondern einfach nur, um den Gästen Schatten zu spenden. Und ihnen zur Auflockerung des Ganzen ab und zu eine Kastanie ins Bier zu werfen. Familien mit Kindern genießen die Ruhe und den großzügig angelegten Spielplatz und abends gibt es niemanden, der sich über die Ruhestörung beklagt. Und wo es keine Nachbarn gibt, gibt es keine Sperrzeiten.

Genau dieses Feiern ohne Ende haben die beiden im Sinn, als sie – ein bisschen außer Atem – ihre Räder beim Aumeister abstellen. Unwillkürlich schaut Marie auf die Uhr, und ein Lächeln huscht über ihre Lippen.

„Um halb sieben im Biergarten.“ Sie für ihren Teil hat alles getan, um ihr Versprechen einzuhalten.
An einem Schuppen bei den Fahrradständern ist ein Zettel aufgehängt,

„Ist jetzt dein Tobi. Nicht mehr unserer.“

der ihr bekannt vorkommt. Darauf ein halb zerrissenes Foto mit dem Gesicht von Tobi. Maries Botschaft war also angekommen. Und das war seine Antwort: ***Liebe Marie. Na dann: bis morgen im Biergarten! Dein Tobi.***
Auch Lara muss lächeln, sie war beim ersten Treffen dabei gewesen.
„Aha. Jetzt ist er also vergeben“, sagt sie süffisant. „Ist das jetzt dein Tobi. Nicht mehr unserer. Magst du trotzdem mit reinkommen, oder lohnt sich das nimmer, jetzt wo dein Tobi schon hier war?“
Marie kramt aus ihrer Tasche einen Zettel heraus, den mit ihrem halben Foto, und klebt ihn neben Tobis halbes Foto, sodass das Bild komplett

wird. Zwei verschiedene Aufnahmen. Ein Bild von einem Paar.
Marie macht von ihrem Werk ein Foto und dreht sich zu Lara: „Schon interessant, dass ich gerade immer dort bin, wo Tobi schon war oder noch nicht ist, nicht wahr?“
„Ja, die Wege des Herrn sind manchmal unergründlich“, lächelt Lara versonnen, und Marie findet diesen Satz auch ziemlich unergründlich.

studio nails

Wos schaugst denn so bled?

Host nix zum Dringa kriagt?

AUMEISTER

Schwabing

SONDERMEIERSTRASSE 1
80939 MÜNCHEN
TEL. 089 18931420

AUMEISTER.DE

WIRTSLEIT

THOMAS & KATRIN

KÖNIG

2003 bekamen Thomas und Katrin König den Zuschlag als Pächter im Aumeister, von 1998 bis 2013 bewirtschafteten sie auch das Leiberheim in Waldperlach. Am Aumeister schätzen sie besonders die ideale Lage im nördlichen Englischen Garten: keine Anwohner, die sich um Sperrzeiten Sorgen machen.

BRAUEREI

HOFBRÄU MÜNCHEN

Öffnungszeiten

BIERGARTEN:
Mo bis Sa 10:00 Uhr bis ca. 24:00 Uhr
So, Feiertage
von 09:30 Uhr bis ca. 24:00 Uhr

RESTAURANT:
Mai bis Ende September
Täglich von 11:00 Uhr bis 23:00 Uhr
Januar bis Ende März:
Montag Ruhetag

WOS

KOST'S?

½ Hendl	7,50 €
Münchner Wurstsalat	6,80 €
Obazda	6,50 €
Breze	1,30 €
Münchner Weißwurst *1 Stück*	2,50 €
Schweinsbraten *(Rollbraten)*	13,10 €
Mass Bier	7,60 €
Weißbier *0,5 l*	4,20 €
Apfelschorle *0,3 l*	2,90 €

SPEZIALITÄTEN
DES HAUSES

Saisonale Gerichte
(wie Spargel, Pilze oder Wild)

Asiatische Gerichte

Frische Auszogne
Verschiedene Crêpes
und Strudel

3.000

SITZPLÄTZE

Im nördlichen Teil des Englischen Garten gelegen, unterliegt der Aumeister keiner Sperrzeit und eignet sich hervorragend für Feste. Gäste, die tagsüber eine Radltour durch den kompletten Englischen Garten unternehmen, können sich hier am Ende ihrer Fahrt mit einem kühlen Bier unter Kastanienbäumen belohnen.

Für Kinder gibt es einen 300 Quadratmeter großen Abenteuer-Kinderspielplatz.

GESCHICHTE

1810

Kurfürst Karl Theodor ernannte 1797 den ersten Aumeister und verlieh damit dem umliegenden Jagdrevier des Kurfürsten einen noch höheren Bekanntheitsgrad. Das Aumeister-Gebäude wurde 1810/1811 errichtet und steht heute unter Denkmalschutz. Bereits der erste Aumeister genoss das Recht, Bier auszuschenken. Es wundert nicht, dass bereits in der Prinzregentenzeit die Gastwirtschaft vergrößert wurde und sich seitdem großer Beliebtheit bei Ausflüglern erfreut – auch ohne Hofjagden.

Thomas Mann setzte dem Aumeister Biergarten ein Denkmal gleich zu Beginn des ersten Kapitels seines Romans *Tod in Venedig*.

9

Neulich, im Porsche-Showroom.

HIRSCHAU

HIRSCHAU

Biergartenwetter
ist
Fahrradwetter.

„Donnerstag ist Hirschau-Tag!“, sagt Tom immer. Der ist Saxofonist und behauptet, dass bei schönem Wetter jeden Donnerstag eine Jazz- oder Swing-Band im Biergarten der Hirschau spielt. Aber Tom hat heute keine Zeit, also geht Tobi alleine hin. Musik hören bei einer Mass Bier kann man schließlich auch solo. Außerdem sieht Tom ein bisschen zu gut aus und die Aussicht, dass Marie ihnen dann gegenübersitzt, vielleicht ist sie ja ohne Freundinnen unterwegs, und eventuell dann zwischen

den beiden hin- und hergerissen wird, bereitet Tobi Unbehagen.
Von Schwabing aus lässt es sich schnell herüberradeln, vielleicht fühlt es sich hier deshalb ein bisschen so an wie in der Occamstraße. Viele bekannte Gesichter, das übliche Flirten und Herumschäkern, ein bisschen Geprotze und Angeberei, hohe Porschedichte, aber alles im Rahmen der erträglichen Leichtigkeit des Biergarten-Daseins. Da sich die Hirschau mit dem Auto vom Isarring aus direkt erreichen lässt, herrscht auf dem Parkplatz ein ewiges Tohuwabohu, was seltsam ist, denn die Gleichung lautet bekanntlich: Biergartenwetter = Fahrradwetter. Außerdem passt eine Mass Bier durch keine Führerscheinkontrolle. Aber ein Porsche-Fahrrad macht halt weniger her, als ein neues 911er-Cabrio. Außerdem stimmt folgende Gleichung ebenfalls: Biergartenwetter = Cabriowetter.
Da Tobi kein Auto besitzt, entscheidet er sich für das Fahrrad. Kaum vorstellbar, dass im Englischen Garten früher Jagdgesellschaften dem Rotwild hinterherstellten. Heute jagt hier der BWL-Student die Filmstudentin und die Volljuristin den Firmenerben. Und Tobi nach Marie. Bei 1.700 Biergarten-Sitzplätzen kann das ganz schön lange dauern, bis man endlich durch ist. Tobi hat dabei folgende Technik entwickelt: Erst geht er vom Eingang ganz nach hinten durch und startet einen ersten

LÖWENBRÄU

Grob-Scan. Im zweiten Durchgang kämmt er die Reihen gewissenhaft von hinten nach vorne durch, so dass er Marie, auch wenn sie nach ihm ankommen sollte, nicht übersehen kann. Doch er findet keine Marie. Was er findet, ist ein Zettel: Tobi und Marie auf einem Foto. Zwei auseinandergerissene Teile, neu zusammengesetzt. Und zur Begleitung spielt die Band eine verjazzte Version des Spider-Murphy-Gang-Klassikers: „Wo, wo bist du-u?“

„Wo, wo bist du-u?“

Das ist der Moment, in dem Tobi merkt, dass diese Suche ihn verändert. Seit Wochen war er mit keinem anderen Mädchen zusammen. Viele Gelegenheiten. Wenig Interesse. Und das im Sommer! Nachdenklich betrachtet er das Bild. Und dann blitzt der Gedanke auf, dass sich aus Marie und Tobi „Marito“ formen lässt, Ehemann. Schnell wischt er den Gedanken beiseite.

Zuaweziaga.

So heißt auf Bairisch das Gerät, das weit entfernte Dinge herzieht, also zuaweziagt.

HIRSCHAU

Schwabing

GYSSLINGSTRASSE 15
80805 MÜNCHEN
TEL. 089 36090490

HIRSCHAU-MUENCHEN.DE

WIRTSLEIT

LUDWIG HAGN
STEPHANIE SPENDLER

Die Wirtefamilien Hagn & Spendler übernahmen die Hirschau Anfang 2013 und haben sie liebevoll renoviert. Seit 1936 ist Familie Hagn in München gastronomisch aktiv, u.a. vier Jahrzehnte im Rheinhof in der Bayerstraße und über zwanzig Jahre im Unions-Bräu in Haidhausen. Mit dem Löwenbräu-Zelt sind sie seit 1979 auch auf dem Münchner Oktoberfest.

BRAUEREI
LÖWENBRÄU

Öffnungszeiten

BIERGARTEN:
Mo bis Fr von 11:00 Uhr bis ca. 23:00 Uhr
Sa, So von 10:00 Uhr bis ca. 23:00 Uhr

RESTAURANT:
Täglich von 11:30 Uhr bis 23:00 Uhr
Durchgehend warme Küche
von 12:00 bis 22:00 Uhr

WOS
KOST'S?

½ Hendl	7,50 €
Münchner Wurstsalat	5,50 €
Obazda mit Brot	5,80 €
Breze	1,00 €
Münchner Weißwurst *1 Stück*	2,10 €
Schweinsbraten	6,50 €
Mass Bier	7,50 €
Weißbier *0,5 l*	4,10 €
Apfelschorle *0,5 l*	3,90 €

SPEZIALITÄTEN
DES HAUSES

Frische Hendl

Ofenfrische Brezn

Spareribs
(mit hausgemachter BBQ-Sauce)

1.800

SITZPLÄTZE

Die Hirschau ist für alle Musikfreunde der perfekte Treffpunkt! Von Swing und Jazz über Reggae und Pop, ja sogar bayerisch traditionelle Stücke – hier ist für jeden Geschmack etwas dabei. Und wer dabei nicht stillsitzen mag, für den steht der Tanzboden jederzeit offen.

Weniger musikalisch, aber trotzdem sportlich wird es bei Fußballwelt- und Europameisterschaften: Sie flimmern über den 5 Meter großen LED-Bildschirm.

GESCHICHTE

1840

Der Name Hirschau geht auf den früheren Wildreichtum der Isarauen nördlich der Stadt zurück und ist seit 1808 auf den Stadtkarten eingetragen.

Im Jahr 1840 eröffnete hier die Gaststätte Zum Hasenstall und versorgte die Arbeiter der Maffei´schen Maschinenbauanstalt mit Speisen und Getränken. Nach dem Ersten Weltkrieg verwandelte sich durch den Wegzug der Maschinenfabrik nach Allach nicht nur der Charakter des Gartenlokals, sondern auch jener der gesamten Hirschau. Sie wurde erneut zur stillen, von Seitenarmen der Isar umschlossenen, mit wenigen Häusern bestückten Waldlandschaft. Die Hirschau machte sich nach dem Zweiten Weltkrieg einen Namen als Austragungsort der sehr beliebten Sängerwettstreite. Hier trat auch der damals sehr junge spätere Rock'n´Roll-Star Peter Kraus auf.

10

Ein Hoch auf die Isar.

MENTERSCHWAIGE

chwaige

Belohnungs-Biergarten

An einem schönen Wochenende ist die Menterschwaige weit davon entfernt, ein Geheimtipp zu sein. Marie wollte vor einiger Zeit nach einer Radltour durch die Isarauen dort einkehren und hatte mit Müh und Not drei Plätze ergattert. Es ist aber auch zu schön hier, am Isar-Hochufer im Süden Münchens. Man ahnt die Stadt noch, fühlt aber schon das Land. Die Isar, die unten vorbeiströmt, bringt nicht nur das frische Wasser aus den Bergen vorbei, sondern liefert auch neue Energie mit und spült den Alltag weg. Deshalb nennt Marie die Menterschwaige ihren Belohnungs-Biergarten. Hier belohnt sie sich für Anstrengungen, gelungene Arbeiten und andere Besonderheiten.

Es geht hier ein wenig edler zu als in manch anderem Biergarten. Der Kinderspielplatz wird dominiert von einem alten Karussell, das jedem Spielzeugmuseum zur Ehre gereichen würde. Und der Grünwald-Faktor ist hoch: Die Damen tragen ihre Freizeit-Rolex (Edelstahl statt Gold), die Herren fahren ihr Freizeit-Mobil (Carbon-Fully statt Alu-A8) und die Mädchen tragen bereits im Kinderwagen ein Dirndl von Loden Frey. Wer über solche Oberflächlichkeiten hinwegsehen kann, findet hier alles, was ein Biergarten braucht: Halbschatten-Plätze unter Kastanien, eine Blockhütte mit diversen Schmankerln und die entspannte Atmosphäre des bürgerlichen Wohlstands.

Was Marie an diesem Donnerstag hier nicht findet, ist Tobi. Denn der ist ja heute in der Hirschau, was ausgesprochen schade ist. Andererseits wäre dann die Rundreise durch Münchens Biergärten hier schon zu Ende, was ja vielleicht auch schade wäre. Marie hat sich jedenfalls schon sehr mit dem Gedanken angefreundet, morgen wieder einen neuen Biergarten zu entdecken, während sie sich den idealen Platz sucht. Nicht zu warm und nicht zu heiß, der Körper im Schatten, das Bier in der Sonne oder umgekehrt. Unter der Woche

Die Isar spült den Alltag weg.

ist das einfacher, selbst an den paar wirklich heißen Tagen.
Auch wenn Tobi noch nicht bei ihr ist: Auf eine bestimmte Art unternehmen sie diese Reise gemeinsam. In der

---

„Bist du die Marie?"

Gewissheit, dass der eine den anderen sucht. Marie beschließt, sich auf diese Erkenntnis hin einen Burger zu gönnen, und als sie an der Blockhütte steht, spricht sie der junge Koch an.
„Bist du die Marie?" Er holt einen Zettel hervor, den er über der Essensausgabe an die Wand gepinnt hat, schaut ihn kurz an und ohne ihre Antwort abzuwarten, drückt er ihr sein Smartphone in die Hand. Darauf eine aufgezeichnete Videonachricht von Tobi.

„Liebe Marie. Damit du mich nicht vergisst, bekommst du von Karlo ein paar Fotos von mir aus den Biergärten, die ich schon besucht habe. Es sind bis jetzt 10. Die Wahrscheinlichkeit steigt also, dass wir uns bald treffen. Bis um halb sieben im Biergarten! Dein Tobi."

„Ich werde ihn finden!"

Und dann deutet er einen Kuss in Richtung Kamera an.
Marie widersteht dem Impuls, Tobis Nummer auf dem Telefon nachzublättern. Das wäre ein wirklich grober Verstoß gegen die Spielregeln gewesen. Als sie das kleine Büchlein durchblättert, ist sie so beeindruckt, dass ihr Burger kalt wird. Und eigentlich hat sie vor lauter Freude auch gar keinen Hunger mehr. Dann schreibt sie auf eine Serviette die Biergärten auf, die sie schon besucht hat, und reicht Karlo anschließend die Liste. „Bitte richte ihm aus: Ich werde ihn finden!"

Alle reden vom
vielen Trinken, aber keiner
redet vom großen Durst.
Karl Valentin

10

GUTSHOF MENTERSCHWAIGE

Harlaching

MENTERSCHWAIGSTRASSE 4
81545 MÜNCHEN
TEL. 089 640732

MENTERSCHWAIGE.DE

WIRTSLEIT

CHRISTIAN & JOHANNA
SCHOTTENHAMEL

Christian und Johanna Schottenhamel bezeichnen sich selbst als „Gastgeber aus Leidenschaft". Mit dieser führen sie mehrere Biergärten, betreiben aber auch das Schottenhamel-Festzelt auf der Wiesn, in dem o´zapft wird.

BRAUEREI
LÖWENBRÄU MÜNCHEN

Öffnungszeiten

BIERGARTEN:
Täglich von 11:00 Uhr bis ca. 24:00 Uhr

Durchgehend warme Küche
von 11:30 Uhr bis 22:00 Uhr

WOS

KOST'S?

½ Hendl	8,50 €
Münchner Wurstsalat	7,20 €
Obazda mit Brot	7,50 €
Breze	1,50 €
Münchner Weißwurst *1 Stück*	2,10 €
Schweinshaxe	9,50 €
Mass Bier	8,20 €
Weißbier *0,5 l*	4,20 €
Apfelschorle *0,5 l*	3,90 €

SPEZIALITÄTEN DES HAUSES

Frische Pulled Burger
mit gegrilltem Gemüse und hausgemachten Saucen
(im Biergarten vom Smoker)

Kalbsschulter alla Ossobuco
18 Stunden gesaftelte Milchkalbsschulter
(im Restaurant)

2.500

SITZPLÄTZE

Der idyllische Biergarten wird von der Abendzeitung regelmäßig zum „schönsten Biergarten Münchens“ gewählt. Direkt am Isarufer unter alten Kastanienbäumen lässt es sich im Sommer bestens aushalten.

Aber auch im Winter öffnet der Biergarten für ein Wochenende seine Tore, und verbreitet weihnachtliche Stimmung mit dem Adventsmarkt.

GESCHICHTE

1012

Die Menterschwaige wurde 1012 zum ersten Mal urkundlich erwähnt und war zunächst ein Hof zur Versorgung des Königshauses. Dazu gehörte ein prächtig ausgestatteter Marstall, in dem die Pferde des königlichen Hofes ihr Gnadenbrot bekamen.
Im Jahre 1803 wurde das Anwesen um eine Gastwirtschaft erweitert: Schon nach kürzester Zeit erfreute sich die Menterschwaige großer Beliebtheit. Nicht nur der Maler Moritz von Schwind, der übrigens als erster die „Schöne Münchnerin“ malte, feierte hier fröhliche Feste.

ANEKDOTEN

SO WAR´S

Nachdem Lola Montez von der eifersüchtigen Königin Theresia vom Hofe vertrieben wurde, versteckte König Ludwig die feurige Tänzerin im Nebenhäuschen der Menterschwaige, um sich dort mit ihr zum nächtlichen Stelldichein zu treffen.

11

Jetzt wird heftig geschlafen.

ZUM FLAUCHER

"... das hilft jetzt auch nicht weiter."

Hat Karlo alles getan, um Tobi bei seiner Suche zu unterstützen? Auf jeden Fall, möchte man sagen. Und tatsächlich verdient es Bewunderung, unter 10.000 Biergärtengästen pro Woche die eine und noch dazu Richtige zu finden und von Tobi zu grüßen. Andererseits wäre es natürlich nicht verkehrt gewesen, wenn Tobi davon erfahren hätte. Ein Foto von der Serviette machen, es schnell per Smartphone verschicken, das wäre so einfach gewesen. Doch genau hier hängt es nun. Mit dem Überreichen von Tobis Botschaft ist der Fall für Karlo erledigt und Maries Antwort-Serviette verschwindet in den unendlichen Weiten von Karlos Jackentasche. Natürlich hätte auch Tobi bei Karlo mal nachfragen kön-

Ist sie krank?

nen. Aber hätte, hätte, Chiemseeplätte, das hilft jetzt auch nicht weiter.
Die Tage vergehen und von Marie fehlt jede Spur. Ist sie krank? In die Ferien verreist? Oder – bloß nicht dran denken – hat sie jemanden kennengelernt? Tobi hat eine quälende Woche hinter sich und dann ist endlich Wochenende und die Clique beschließt, ihn aus seinem Trübsinn zu reißen und ihn zum Baden an den Glass Beach mitzunehmen. Seit an jedem halbwegs warmen Abend Tausende Leute an der Isar picknicken und grillen, und kistenweise Hacker-Pschorr, wie ihnen die Werbung befiehlt, mitnehmen, heißt der Flaucher intern nur noch „Glass Beach“ – Barfußbaden erhöht die Chance, die Notaufnahme mal von innen zu

„Hi Tobi,
ich bin Isabella."

besuchen. Deshalb wird die Parole ausgegeben: Wir machen kein Picknick und gehen lieber später in den Biergarten. Ein Stückchen zurückgesetzt, in den Flaucher-Auen, gibt es alles, was nach dem Baden gebraucht wird. Die Gruppe findet mit ein bisschen Glück zwei Tische und wird schnell größer. „Hi Tobi, ich bin Isabella." Er kannte sie vom Sehen. „Hi Isabella. Jetzt hab´ ich drei Möglichkeiten. Soll ich Isa, Bella oder Isabella zu dir sagen?"

„Tja," lächelt Isabella herausfordernd, „Isabella sagt meine Familie, Isa sagen meine Freunde, und Bella

sagen die, die mich schön finden."
Das war jetzt natürlich eine verflixt knifflige Situation, denn alles andere hätte er als wirklich grob unhöflich empfunden, und Tobi ist weder grob noch unhöflich, deswegen mögen ihn die Mädchen ja so gerne, deshalb sagt er: „Schön, dann bleibt mir nichts anderes übrig, als dich Bella

„Darf ich dir ein schönes Bier mitbringen, schöne Bella?"

zu nennen. Darf ich dir ein schönes Bier mitbringen, schöne Bella?" Bella lacht daraufhin so glücklich, dass Tobi bemerkt, wie schön sie wirklich ist.
Ab diesem Moment fühlt sich alles ganz leicht an. Die Suche ist abgeschlossen, das Ziel liegt vor Augen, und die idealisierte Vorstellung, die er sich in den Wochen davor von Marie gemacht hat, muss nun einer sehr konkreten, lebendigen jungen Frau aus Fleisch und Blut und Bella Platz machen. Was vorher weit entfernt war, ist nun ganz nah.

Es ist noch zu früh zum Anbeißen.

Obwohl sie sich
schon zum Fressen gern haben.

ZUM FLAUCHER

Sendling

**ISARAUEN 8
81379 MÜNCHEN
TEL. 089 7232677**

ZUMFLAUCHER.DE

WIRTIN

ANTJE
SCHNEIDER

Antje Schneider ist die Tochter von Anneliese und Hermann Haberl und damit im wahrsten Sinne eine geborene Gastronomin: Nach ihrer Kochlehre bei Gerd Käfer stieg sie 1990 in die Gastronomie ein. Ihr erstes eigenes Lokal war 1996 die Kugler Alm, mittlerweile betreibt die vierfache Mutter mehrere Biergärten in München, darunter seit 2000 das Wirtshaus zum Flaucher.

BRAUEREI
LÖWENBRÄU
MÜNCHEN

Öffnungszeiten

BIERGARTEN:
Ab März
Täglich ab 11:00 Uhr

RESTAURANT:
Sa, So, Feiertag
Durchgehend warme Küche
ab 11:30 Uhr

WOS
KOST'S?

½ Hendl	7,50 €
Münchner Wurstsalat	5,20 €
Obazda mit Brot	5,20 €
Breze	1,20 €
Münchner Weißwurst *1 Stück*	1,90 €
Schweinsbraten, *mit Knödel*	8,00 €
Mass Bier	7,50 €
Weißbier *0,5 l*	3,90 €
Apfelschorle *0,4 l*	3,00 €

SPEZIALITÄTEN
DES HAUSES

Knusprige Spareribs

Steckerlfisch

1.200

SITZPLÄTZE

Seit über 130 Jahren zieht es die Münchner zum Flaucher, der versteckt in den südlichen Isarauen liegt. In der ursprünglichen Auenlandschaft wurde im 19. Jh. eine durchgehende Promenade angelegt. Die heutigen Isaranlagen gehen auf die Gastwirtschaft zum Flaucher zurück.

Das Rauschen der Isar ist die einzige Geräuschkulisse, die den gemütlichen Biergarten-Ausflug untermalt – es sei denn, man kommt zu einer der regelmäßig stattfindenden Musikveranstaltungen. Da zeigen junge bayerische Talente aus dem Umland, was sie drauf haben.

GESCHICHTE

1870

Das Lokal wurde erstmals um 1870 in einem ehemaligen Forsthaus eröffnet, das die Wittelsbacher seit etwa 1800 als Jagddomizil genutzt hatten. Es erfreute sich rasch großer Beliebtheit und mauserte sich zum Geheimtipp unter den Münchnern. Daran hat sich bis heute – nach Umbau und Modernisierungsarbeiten – nichts geändert.

ANEKDOTEN

SO WAR´S

„Geh' ma zum Flaucher", ist in München ein geflügeltes Wort. Zurück geht das auf den Wirt Johann Flaucher, der bereits im 19. Jahrhundert Geschäftssinn bewies und schon damals erkannte, dass sich ein Ausflugslokal in dieser schönen Lage lohnt!

12

Der Tanz beginnt.

MUFFATWERK

„Ich hab dein Foto gesehen."

Es gibt ja einige Musik-Biergärten in München, aber zum Muffatgarten hat Marie eine besonders innige Beziehung. Weil der Sound des Gartens nur ein Nebenprodukt der Abende ist, die drinnen, in der Muffathalle, stattfinden. Weil die Theke nicht auf die uninspirierte Dreifaltigkeit Obazda/Hendl/Wurschtsalat reduziert ist, sondern ausgesuchte Bio-Produkte anbietet. Und weil sie weiß, dass Tobi hier noch nicht war. Heute liegt also der ideale Muffat-Abend vor ihr: Um halb sieben Treffen (vielleicht mit Tobi?) im Biergarten, um halb neun in die Halle zum Tanztheater und danach bis um eins im Biergarten den Abend ausklingen lassen.

„Ach was, wo denn?"

„Entschuldige, bist du Marie? Ich bin Alex. Ich hab Dein Foto gesehen." Marie sieht Alex an und erblickt kühle, blaue Augen über einem professionellen Zahnpasta-Lächeln. „Ach was, wo denn? Ich bin doch auf gar keiner Dating-Plattform." Alex lacht, „Nein, an einem Baum im Biergarten. Seitdem ist ‚abends um halb sieben im Biergarten' bei uns ein stehender Spruch." Marie fühlt sich ein wenig unbehaglich. „Was ist denn das für eine tolle Geschichte, die ihr beide da durchzieht? Eine Schnitzljagd? Ganz ohne neue Medien?"
„Ja, sowas Ähnliches." Marie hat eigentlich nicht vor, eine Old-me-

„So ganz ohne neue Medien?"

dia-Berühmtheit zu werden. Sie will auch nicht jedem Wildfremden ihre romantische Vorstellung vom Suchen und Finden der Liebe (die sie mit dem unsterblichen Helmut Dietl verbindet) auf die Nase binden. Sie will jetzt nur, dass ihre Freundin Nelly endlich auftaucht, oder besser auch noch Tobi, von dem sie sich nun irgendwie versetzt fühlt. Hat sie es nötig, von Leuten angesprochen zu werden, die sie vielleicht sogar bemitleiden? Weckt ihre altmodische Suche Spötter, wird auf sie herabgeblickt? „So ganz ohne neue Medien?" In dem Moment rutscht ihre Freundin zu ihr auf die Bank, gibt ihr ein Küsschen. „Hallo, ich bin die

Nelly!", reicht sie ihm die Hand und Marie sagt keinen Ton, sodass Alex sich selbst vorstellen muss.
Später, als Marie ihn endlich abgewimmelt hat, kann Nelly es gar nicht fassen: „Sag mal, was ist denn mit dir los? Wieso vertreibst du mir denn so einen geilen Typen? Du wirst noch als alte Jungfer enden, mit der Suche nach deinem Phantom-Tobi!"
Marie geht gar nicht darauf ein. „Wir müssen das irgendwie anders machen. Das mit dem Foto-Aufhängen war ein Quatsch, wenn das so weitergeht, lande ich am Ende noch in der Zeitung und werde zur Miss Hopfendolde gewählt."
Sie borgt sich an der Kasse einen dicken Edding und malt in dicken

Buchstaben auf einen Zettel:
Tobi: Ich war hier. Bitte keine Fotos mehr. Marie
Das klebt sie an die Plakatwand, die die nächsten Auftritte ankündigt.

Wo geht's denn hier zum Biergarten?

Die Biergartenverordnung gilt auch auf dem Oktoberfest. Wer also lieber selbst seine Brotzeit mitbringen will, darf sie in den Biergärten vor den Zelten verspeisen.

MUFFATWERK

Haidhausen

ZELLSTRASSE 4
81667 MÜNCHEN
TEL. 089 45875084
WETTERTELEFON
089 45875010

MUFFATWERK.DE

WIRT

PETER
SCHMEIER

Er ist nicht nur der Wirt für den Biergarten, sondern für das gesamte Muffatgelände. Dazu gehören auch die Bars in der Muffathalle und im Ampere. ***No Junk*** *ist seine Devise und so heißt auch seine Gastronomie-Firma.*

BRAUEREI
HOFBRÄU
MÜNCHEN

Öffnungszeiten

BIERGARTEN:
Bei schönem Wetter
Täglich von
12:00 Uhr bis ca. 23:00 Uhr

WOS
KOST'S?

Münchner Wurstsalat	3,30 €
Obazda mit Brot	6,60 €
Große Breze *(Bio)*	3,30 €
Bratwürste *(Hermannsdorfer)*	2,70 €
Mass Bier	7,60 €
Weißbier *0,5 l*	4,00 €
Apfelschorle *0,5 l*	4,00 €

SPEZIALITÄTEN DES HAUSES

Gulasch
(vom Bio-Rind mit Brezenknödel)

Bio-Bratwürste
(mit Kraut vom Lavasteingrill)

400

SITZPLÄTZE

Wenn Regenwolken mal die sonnige Südwestlage verdunkeln, ergattern die Schnellsten noch einen Platz unter Münchens größter Markise. So lässt sich die nach Biostandards zertifizierte Speisekarte rauf und runter genießen – und mit etwas Glück verziehen sich die Wolken auch wieder und einer der bereitstehenden Liegestühle wird zum Verdauen frei.

GESCHICHTE

1837

1837 errichtet, wurde das Muffatbrunnhaus 1883 in ein Elektrizitätswerk umgewandelt, das als Muffatwerk bezeichnet und in erster Linie zur Versorgung der neuen elektrischen Straßenbahn gebraucht wurde.
Heute ist das Muffatwerk ein multikultureller Kreuzungspunkt am Fuße des Gasteig, eine exotische Besonderheit unter den städtischen und staatlichen Kultureinrichtungen Münchens.
Hier gibt es neben dem Biergarten Theater, Tanz, Konzerte von Punk bis Pop, dazu Performances, Lesungen, avantgardistische Medienkunst-Spektakel sowie Disco/Clubabende.
Die Muffathalle eröffnete 1993, der Biergarten 2002. Der Club Ampere wurde mit dem Umbau der Gesamtanlage 2005 fertig.

13

Hin und her. Und jetzt?

PAULANER BRÄUHAUS

Tobi sucht Marie

„Hi Tobi, hier Karlo."

„Hi Tobi, hier Karlo.“ Tobi reibt sich verschlafen die Augen. „Karlo, oide Fischhaut!“
„Dein Mädl war hier.“ Wie konnte Karlo so schnell von Bella erfahren haben? Tobi ist so verwirrt, dass er aus dem Tiefbayrisch gleich wieder auf Hochmünchnerisch umschaltet. „Äh – wann und warum?“
„Anfang letzter Woche war sie bei mir in der Menterschwaige. Und sie hat mir die Liste mit ihren Biergärten gegeben, die schick´ ich dir gleich. Und ich soll dir Folgendes ausrichten:

„Äh ja, super, danke!"
„Ja gern."

Sie wird dich finden."
„Äh ja, super, danke!"
„Ja, gern. Und sorry für die kleine Verspätung, gell!"
Na bravo, was für ein unendliches Schlamassel. Tobi blickt auf die schlafende Bella neben sich. Gesucht, gefunden, verloren. Er stützt sein Gesicht in seine Hände und reibt sein Gesicht, um aus diesem Traum aufzuwachen, er reibt und reibt so laut, dass Bella wach wird. „Nochmal!", sagt sie in einem trägen, maunzenden Ton, der Tobi an eine Katze erinnert, die mit einer Maus spielt. Der Versuchung nachzugeben war immer

schon Tobis Paradedisziplin. Also lässt er sich fangen. Um zu vergessen, was er da angezettelt hat. Um Marie aus dem Kopf zu bekommen. Doch Marie geht nicht mehr weg.
Und so sitzt er abends um halb sieben nicht mit Bella im Paulaner, ge-

---

„Sag mal, stimmt das, dass du jetzt mit Bella zusammen bist?"

---

genüber vom Arbeitsamt, sondern mit René und Bene.
„Sag mal, stimmt das, dass du jetzt mit Bella zusammen bist?“, und ohne die Antwort abzuwarten, ergänzt Bene, „sauber, mein Lieber!“
„Darfst du überhaupt Bella sagen? Für dich, glaube ich, heißt sie Isabella!“, schnarrt Tobi.
„Glücklich macht sie dich offenbar nicht“, sagt René, während er Tobis Reaktion aufmerksam betrachtet.
„Ja, die Sache ist leider ein bisschen verzwickt“, antwortet Tobi und holt aus seiner Tasche einen Zettel. Darauf das Foto von Marie und ihm.
„Also, die Bella sieht doch um Welten besser aus als die Marie“, meint Bene, der sich damit klar als ein Bella

Auch ich werde dich finden.

Dein Tobi

-Schönfinder outet. „Aber Marie ist schon auch ein echter Zahn", merkt René an.
Und während René und Bene die äußerlichen Vorzüge der beiden jungen Frauen verhandeln, da merkt Tobi, dass Bella so etwas wie eine Trophäe ist. Ein Preis, den er nie gewinnen wollte und nur zufällig bekommen hat, per wildcard sozusagen. Und den er jetzt am liebsten wieder zurückgeben würde. Nachdenklich steht er auf und pinnt den Zettel mit dem Doppelportrait an den Baum. Darunter schreibt er: ***Auch ich werde dich finden. Dein Tobi***

Alkoholfreies Weißbier? Genehmigt!

Schmeckt und löscht den Durst, nur für das Lustigsein ist man selbst verantwortlich.

13

PAULANER BRÄUHAUS

Isarvorstadt

KAPUZINERPLATZ 5
80337 MÜNCHEN
TEL. 089 5446110

PAULANER-BRAUHAUS.DE

WIRT

HERMANN
ZIMMERER

Hermann Zimmerer – ist selbst Koch und seit 40 Jahren in der Gastronomie. Zusammen mit Braumeister Uli Schindler erfrischt er seine Gäste stets mit hausgebrautem und süffigem Bier und sorgt für authentische regionale Küche.

BRAUEREI
PAULANER
MÜNCHEN

Öffnungszeiten

BIERGARTEN:
Täglich von 11:00 Uhr bis ca. 23:00 Uhr

RESTAURANT:
Täglich von 11:00 Uhr bis 24:00 Uhr
Durchgehend warme Küche
von 11:00 Uhr bis 22:30 Uhr

WOS

KOST'S?

Münchner Wurstsalat	3,30 €
Münchner Wurstsalat	8,50 €
Obazda *(mit Riesnbrezn)*	9,00 €
Bräuhaus-Riesenbrezn	2,50 €
Münchner Weißwurst *(1 Stück)*	2,00 €
Schweinsbraten	11,50 €
Mass Bier	8,20 €
Weißbier *0,5 l*	4,10 €
Apfelschorle *0,5 l*	3,40 €

SPEZIALITÄTEN
DES HAUSES

Gehacktes vom Rind
(geröstetes Kartoffelmalzbrot, Essiggurke, rote Zwiebeln, Brauhauscreme, Rote Sauce, Gemüsechips)

800

SITZPLÄTZE

*Beim Bräuhaus haben wir es mit einer typischen Münchner Kleinstbrauerei mit Gaststätte und Biergarten zu tun.
Es werden verschiedene saisonale Biere gebraut, eine Führung und Besichtigung ist möglich.*

Immer nur ein Helles? Hier darf es auch mal was anderes sein. Zum Beispiel das untergärige Exportbier Dunkler Wickerl mit 13,4 % Stammwürze und 5,9 % Alkohol, mit Comethopfen und sanft gerösteter Gerstenmalze.

GESCHICHTE

1937

Das Gebäude am Kapuzinerplatz 5 ist seit jeher ein Münchner Wirtshaus. Auf dem Gelände dahinter befand sich die Brauerei der Gebrüder Thomass, die eines der ersten Münchner Hellbiere brauten. 1928 fusionierte Thomasbräu mit der Paulaner Brauerei, 1989 zog das erste Paulaner Bräuhaus ins Gebäude ein.

ANEKDOTEN

SO WAR´S

Im Biergarten steht ein Kräuterhochbeet, in dem Küchenkräuter angebaut werden, aber auch Hopfen wächst. Um die Pflege kümmert sich eine Kindergartengruppe, die an heißen Tagen zum Gießen kommt.

14

Zickenkrieg.

BAVARIAPARK

Die Rückkehr der Romantik.

Ein Foto, das an einem schönen Baum hängt, bekommt eine Handvoll Aufmerksamkeit. Ein Foto, das im Internet hängt, bekommt mehr davon, als man sich wünschen kann. Dummerweise startet eine Münchner Boulevardzeitung in ihrer Internetausgabe die Serie: Die schönsten Biergarten-Liebeserklärungen. Dass die Serie durch Tobis und Maries Zettelwirtschaft inspiriert wurde, gilt als wahrscheinlich. Ihr Autor, ein gewisser Alex Ziesler, befragt darin die üblichen Münchner Halb- und Viertel-Prominenten nach ihren romantischen Biergarten-Er-

lebnissen, und zwischen all diesem süßlichen Bierschaum taucht dann der Artikel über Tobi und Marie auf. „Die Rückkehr der Romantik.
Zwei junge Münchner begeben sich auf eine Schnitzeljagd der romantischen Art: Nachdem sie beim ersten Kennenlernen nur ihre Vornamen, nicht aber ihre Telefonnummern ausgetauscht haben, versuchen sie nun, wie anno dazumal, sich ganz ohne neue Medien in einem Biergarten wiederzusehen. Abends um halb sieben. Gut die Hälfte der Münchner Biergärten haben sie schon abgesucht. Bis jetzt vergeblich. Wir haben aber keinen Zweifel daran, dass sich die beiden Romantiker eines Tages finden werden. Dem sympathischen Paar drücken wir die Daumen."
Das Telefon summt dreimal, und Marie weiß, dass sie eine E-mail bekommen hat. Absender: ein Phantasiename, den sie noch nie gehört hat. Ein Bild öffnet sich. Das Bild von Tobi und Marie, nur dass das nicht

Die Suche ist beendet.

Marie ist. Maries Bild wurde ersetzt durch eine junge Frau, die Marie nicht kennt.
Und darunter steht die Zeile:
Die Suche ist beendet. Tobi hat gefunden, was er sucht.
Marie ruft ihre besten Freundinnen zur Vollversammlung. In den Bier-

---

Lara fragt Marie:

„Magst du meine Meinung hören?"

---

garten auf der Theresienhöhe, schräg hinter der linken Schulter der Bavaria-Statue. Babsi sieht sich das Bild an. „Kennen wir nicht."
Lara fragt Marie: „Magst du meine Meinung hören?" Marie nickt zaghaft, so als machte sie sich auf eine unbequeme Wahrheit gefasst.
„So wie ich es sehe, kann das drei Dinge bedeuten.
Erstens: Das Mädchen ist eine Irre, die euren Zeitungsartikel gefunden hat und sich einfach nur wichtig machen will.
Zweitens: Tobi ist ein Schuft, der seine Freundin oder Frau betrügen will. Und sie hat jetzt Wind davon bekommen. So einen Typen kannst

du vergessen. Betrügt er sie, betrügt er dich auch.
Drittens: Tobi steht zwischen euch beiden und muss sich für eine von euch beiden entscheiden. Das Einzige, was mir nicht klar ist: Wenn keiner von uns diese Frau kennt, woher hat sie dann deine E-mail-Adresse?"
Babsi zuckt mit den Schultern. Und Marie schmiedet einen Plan.

2.
Tobi ist ein Schuft

Wie sich ein Arbeitsmontag doch noch retten lässt?

Mit ein paar erhellenden Einfällen am Abend.

BAVARIAPARK

Schwanthalerhöhe

THERESIENHÖHE 15
80339 MÜNCHEN
TEL. 089 45211691

WIRTSHAUS-AM-BAVARIAPARK.
COM

WIRTSLEIT

PHILIP & SABINE
SEDGWICK

Philip Sedgwick ist weit herumgekommen, bevor er sich mit seiner Frau in München niedergelassen hat: Bangkok, Hong Kong, Rom, Paris – überall hat er gekocht. Sabine Sedgwick bringt als gelernte Hotelfachfrau das fachliche Knowhow in Sachen Geschäftsführung mit ins gemeinsame Wirthausprojekt ein. Mit großer Liebe zur Gastronomie sind beide am Werk, seit 2011 endlich in München.

BRAUEREI
AUGUSTINER MÜNCHEN

Öffnungszeiten

BIERGARTEN:
Täglich von 11:00 Uhr bis ca. 23:00 Uhr

RESTAURANT:
Mo bis Fr von 11:00 Uhr bis 24:00 Uhr
Sa, So von 10:00 Uhr bis 24:00 Uhr

WOS
KOST'S?

½ Hendl *(mit Kartoffel-Gurkensalat)*	8,80 €
Münchner Wurstsalat	7,90 €
Obazda mit Brot	4,70 €
Breze	1,10 €
Münchner Weißwurst *1 Stück (nur im Wirtshaus)*	2,50 €
Schweinsbraten	9,40 €
Mass Bier	6,80 €
Weißbier *0,5 l*	3,50 €
Apfelschorle *0,5 l*	3,40 €

SPEZIALITÄTEN
DES HAUSES

Wirtshaus-Spareribs
(mit hausgemachter Jack-Daniels-Chipotle-Chili-Soße)

Kongress Bar-Burger
(mit geräuchertem Scamorza, Bacon und Jack-Daniels-Soße)

1.200

SITZPLÄTZE

Der Biergarten befindet sich auf dem ehemaligen Messegelände zwischen Verkehrsmuseum und Bavariapark direkt hinter der Bavaria. Nur einen Steinwurf von der Theresienwiese entfernt, ist vom Trubel der Wiesn hier nicht viel zu spüren, das Areal liegt abgeschirmt.

Ein abwechslungsreiches Musikprogramm bietet die im Stil der Fifties gehaltene Kongress Bar.

GESCHICHTE

2007

Im Juni 2007 wurde auf Anregung der Anwohner hin die frühere Kantine der Kongresshalle als Wirtshaus mit Biergarten wiedereröffnet. Die Kongresshalle selbst, eines der letzten Gebäude des ehemaligen Messegeländes, ist original im Stil der Fünfzigerjahre erhalten und steht mittlerweile unter Denkmalschutz.

ANEKDOTEN

SO WAR´S

Die von amerikanischen Künstlern erschaffene vier Meter hohe Schnecke steht auf dem Platz beim Verkehrsmuseum, den sie im Viertel längst Schneckenplatz nennen. Das Wirtshaus heißt daher bei manchen inzwischen auch Wirtshaus zur Schnecke.

15

München ist voll.

AUGUSTINER SCHÜTZENGARTEN

ORIGINAL · NEW YORK · STREET

Das Stadtgespräch

Als Tobi abends um halb sieben in den Schützengarten kommt, begrüßt ihn gleich am Eingang das Doppelporträt von sich und Bella. Wütend reißt er den Zettel vom Baum. Ein paar Telefonate später weiß er, dass ganz München vollgepflastert ist mit der Botschaft: „Die Suche ist beendet. Tobi hat gefunden, was er sucht." Am Nockherberg, im Taxisgarten, im Hofbräukeller – die Biergärten der Stadt haben an diesem Abend nur ein Thema.

Er holt sich von der Schenke ein Augustiner und während er auf eine freie Bank zusteuert, merkt er, wie ihm wildfremde Menschen zunicken, manche tuscheln, einer hebt den Daumen. Tobi, der es normalerweise genießt, im Mittelpunkt zu stehen, ist verwirrt.
Kaum hat er Platz genommen, klingelt sein Telefon, Bene ist dran. „Ich hab´ Scheiße gebaut. Können wir reden?" Eine Viertelstunde später sitzt er auf der Bank gegenüber und gesteht alles:
„Gleich am Anfang, im Augustiner-Keller, da war doch auch die Babsi dabei, das ist eine von Maries

Bene ist dran.

„Ich hab' Scheiße gebaut."

Freundinnen, erinnerst du dich? Uns kam die Idee einfach bescheuert vor: Eine Verabredung ohne Kontaktdaten, und so haben wir nur zur Sicherheit hinter eurem Rücken die Nummern getauscht. Na ja, und Bella hat davon irgendwie Wind gekriegt und an Marie das Bild geschickt, das nun überall hängt. Denn Marie wiederum

hat das Foto genommen, es kopiert und all ihre Freundinnen damit losgeschickt, um München damit zu tapezieren."
Das Bier als Wahrheitsserum beginnt, seine Wirkung zu entfalten.
„Und jetzt nochmal", sagt Tobi „wie ist Bella an Maries Kontaktdaten gekommen?"

„Ich Idiot."

Bene senkt den Kopf. „Ich hab´s ihr mal gesagt, ich Idiot, dass ich die Nummer einer von Maries Freundinnen habe. Und dann hat mir Bella schöne Augen gemacht und mir alles Mögliche versprochen, und da hab´ ich über Babsi Maries Nummer organisiert ..."
„Alter, wie bist du denn drauf? Notgeil oder was?"
„Bei mir läuft das eben nicht so mit den Mädels, wie bei dir! Glaub mir: Ich bin nicht stolz drauf. Und ich würde es gern wieder rückgängig machen."
„Dann bist du jetzt mein Adjudant. Also: Du rufst jetzt die Hofdame von Marie an und erklärst ihr das alles, und dann muss sie Marie reinen Wein einschenken. Und sorg´ bitte

„Dann bist du jetzt mein Adjudant."

dafür, dass die Zettel verschwinden."
„Versprochen."
„Ach, eins noch", sagt Tobi. „Hast du eine Ahnung, warum Marie überall die Zettel verteilt hat?"
„Schätze schon", sagt Bene. „Ich glaub', sie will, dass du dich entscheidest."
Beim Rausgehen fällt ihm ein uraltes, in die Kastanie geschnitztes Herz auf. Das glatte Holz freigelegt, silbrig verwittert, von einem Kranz aus alter Rinde umgeben. In der Mitte des Herzens sind, mit ein bisschen Mühe lesbar, zwei Initialen geritzt: M+T.

Ein himmlischer Schluck.

Bier schmeckt unter freiem Himmel einfach besser als in geschlossenen Räumen.

S'halbe
Hendl
6.50€

AUGUSTINER SCHÜTZENGARTEN

Obersendling

ZIELSTATTSTRASSE 6
81379 MÜNCHEN
TEL. 089 72468088

AUGUSTINER-SCHUETZENGARTEN.DE

WIRT

CHRISTIAN
SCHRETZLMEIER

Seit 2013 ist Christian Schretzlmeier Pächter und Wirt des Augustiner Schützengartens. Auch betreibt er seit mehreren Jahren den Brunnwart in Schwabing.

BRAUEREI
AUGUSTINER MÜNCHEN

Öffnungszeiten

BIERGARTEN:
Täglich von
11:00 Uhr bis ca. 24:00 Uhr

RESTAURANT:
Täglich von
11:00 Uhr bis 24:00 Uhr
Durchgehend warme Küche
von 11:30 Uhr bis 22:00 Uhr

WOS

KOST'S?

½ Hendl	6,90 €
Münchner Wurstsalat	7,80 €
Obazda mit Brot	7,50 €
Breze	1,20 €
Münchner Weißwurst *1 Stück*	1,90 €
Schweinsbraten, *mit Blaukraut und Kartoffelknödel*	8,90 €
Mass Bier	6,90 €
Weißbier *0,5 l*	3,90 €
Apfelschorle *0,5 l*	3,90 €

SPEZIALITÄTEN DES HAUSES

Original Wiener Schnitzel *(mit Bratkartoffeln, Preiselbeeren und gemischtem Salat)*

Flambierter Kaiserschmarrn *(im Pfandl mit Apfelmus)*

Hausgemachte Apfelkücherl

2.500

SITZPLÄTZE

Mitten in Sendling bietet der Biergarten eine Verbindung aus Schützenschloss, Brau- und Biergartenkultur mit 2.500 Sitzplätzen. Außerdem finden die Gäste hier eine der größten Grünflächen in München - dieser Umstand kommt vor allem bei Familien gut an.

Durch die Jahrhunderte hinweg verkehrten hier namhafte Münchner Persönlichkeiten und historisch und politisch bedeutende Mitglieder des Hauses Wittelsbach.

GESCHICHTE

1892

1892 wurde dieses schlossähnliche Anwesen als neue Schießstätte der königlich privilegierten Haupt-Schützengesellschaft München (1406 gegründet) errichtet. Bis 2013 hieß der Biergarten deshalb auch nur Münchner Haupt. Das Gebäude ist heute denkmalgeschützt und die Gesellschaft nutzt eine neue moderne Schießanlage nebenan.

KUNST

D'Schütznliesl

Aufgemerkt, Kunstliebhaber: D'Schütznliesl, das berühmte Ölgemälde von Friedrich von Kaulbach, das die Münchner Kellnerin Coletta Möritz zeigt, hängt im Festsaal des Augustiner Schützengartens.

16

Fast schon weg.

TANNENGARTEN

Es geht auch ohne ihn.

Die Liebe der Münchner zum Bier und zum Biergarten ist so groß, dass ihretwegen sogar Revolutionen ausbrechen. Die bekannteste war die Waldwirtschafts-Revolution von 1995 und das revolutionäre Feuer flackert immer noch gerne wieder auf. Zuletzt 2015 in Sendling, als ein 125 Jahre alter Nachbarschaftsgarten gerodet und ein paar Mietshäusern weichen sollte. Kaum wurden die Pläne zur Schließung bekannt,

Eine kleine Revolution.

hatte sich eine Bürgerinitiative gegründet und 5.000 Unterschriften gesammelt. Und schon war das Projekt gestoppt und der Biergarten gerettet. Münchner Spontanität paart sich bei solchen Gelegenheiten aufs Allerschönste mit bayrischer Sturheit, die ja sonst nicht unbedingt eine Zierde

für die Menschheit ist. Seit Anfang Juli hat der Tannengarten nach Umbau unter altem Namen und neuem Pächter wieder eröffnet. Wenn man so will, ist er nun der jüngste Biergarten Münchens. Und Marie beschließt, ihm die Ehre zu erweisen. Tobi hin, Tobi her – sie hat an der Biergartenrundreise mittlerweile so viel Freude gefunden, dass es ihr auch ganz egal ist, ob er sich eines Tages blicken lässt, oder nicht. Sagt sie zumindest ihren Freundinnen, denn ganz egal ist es ihr natürlich nicht, sie ist in der Tobi-Frage ziemlich zerrissen, seit sie das Doppelporträt mit ihrer Rivalin gesehen hat. Frei nach William Shakespeare: Tobi or not Tobi, that ist the question.

Und dann wird es ein Biergartenbesuch, wie er sein soll: Der Tisch ist gemütlich, die Freundinnen sind gut aufgelegt, das Bier ist gut eingeschenkt, die Brezn sind knusprig, die Sendlinger Jungmänner ebenso und als die ganze Runde spät abends wieder aufs Fahrrad steigt, hat sie ein paar Freundschaften

mehr geschlossen.

Und weil es so schön ist, beschließt Marie, beim Rausgehen keinen Zettel aufzuhängen. Fast keinen Gedanken hat sie heute Abend an Tobi verschwendet, nur jetzt, am Ausgang fällt ihr ein, dass da immer noch

*Tobi or not Tobi,
that is the question.*

eine Ecke in ihr ist, die nur für einen Einzigen reserviert war. Hier wohnte einmal Tobi und der Schmerz nimmt langsam ab, wenn sie daran denkt.

TANNENGARTEN

Sendling

**PFEUFERSTRASSE 32
81373 MÜNCHEN
TEL. 089 76702060**

GASTHAUS-TANNENGARTEN.DE

WIRT

MARIO
PIANKA

Wirt Mario Pianka hat das ehemalige Spektakel erst 2015 übernommen. Der Sohn von Münchens einst jüngstem Gastronom setzt auf Familie. Die Leitung des Tannengartens übernimmt sein Vetter Tobias Barrenscheen mit seinem Vater Matthias.

BRAUEREI

AUGUSTINER MÜNCHEN

Öffnungszeiten

BIERGARTEN:
Täglich von
11:00 Uhr bis ca. 23:00 Uhr

WOS

KOST'S?

½ Hendl	6,90 €
Münchner Wurstsalat	5,20 €
Obazda	4,90 €
Breze *klein*	1,00 €
Münchner Weißwurst *1 Stück*	2,40 €
Schweinsbraten *(mit Kartoffelsalat)*	8,50 €
Mass Bier	6,80 €
Weißbier *0,5 l*	3,60 €
Apfelschorle *0,5 l*	3,50 €

SPEZIALITÄTEN DES HAUSES

Steakvariationen
vom Lavasteingrill

Spareribs

600

SITZPLÄTZE

Dank einer Sendlinger Bürgerinitiative konnte das Bauvorhaben, dem der Biergarten 2015 fast zum Opfer gefallen wäre, gestoppt werden. Der Traditionsbiergarten, „unser Wohnzimmer", wie viele Stammgäste den Tannengarten nennen, bleibt dem Stadtviertel für gesellige Biergartenausflüge also erhalten. Ab 17:00 gibt es täglich Augustiner vom Holzfass.

Der Traditions-Biergarten liegt mitten in Sendling, unweit der Pfarrkirche, die durch die „Sendlinger Bauernschlacht" von 1705 berühmt geworden ist.

GESCHICHTE

1889

Das ursprüngliche Restaurant mit Biergarten wurde 1889 von Georg Pschorr unter dem Namen Tannengarten gegründet, da einst ein kleiner Tannenwald hinter dem Grundstück stand. Nach einem Besitzerwechsel im Jahre 2002 wurden Biergarten und Restaurant in Spektakel umbenannt. Der neue Name bezog sich auf eine Gewittershow, eine 10-minütige Licht- und Donnershow, welche jeden Abend um 19.30 Uhr und 21.30 im Restaurant stattfand. Seit der Übernahme durch Mario Pianka im Juni 2015 heißt der Tannengarten wieder so, wie er bei seiner Gründung getauft wurde.

17

Gipfelgespräch.

PAULANER NOCKHERBERG

„Ich bin dir nicht böse."

Bene ist immer noch zerknirscht und eifrig dabei, seine Schuld abzuarbeiten. Mit Hilfe einer Facebook-Gruppe hat er in drei Tagen 25 Bella/Tobi-Zettel eingesammelt, die Marie in den Biergärten verteilt hatte. Er ist ziemlich sauer auf Bella, aber mehr noch auf sich selbst, dass es so leicht war, ihn zu benutzen. Und so versucht er alles, um das angerissene Band der Freundschaft zu Tobi zu flicken. Und als Tobi ihn fragt: „Fährst du mit mir zum Nockherberg?", ist Bene dabei. „Weißt du Bene, ich bin dir nicht böse", sagt Tobi, während sie den steilen Anstieg hochstrampeln. „Eigentlich bin ich dir dankbar, weil ich so schneller kapiert hab´, wer Bella wirklich ist."
Bene schweigt und schnauft.

„Eigentlich bin ich dir dankbar."

„Bella hat einfach nicht mit der schnellen Reaktion von Marie gerechnet. Dass die sofort auf Konter umschaltet und ganz München mit dem Bild zupflastert, war echt clever ... nur doof, dass ich da drauf war, aber sonst war die Aktion cool."
„Du hast's gut", meldet sich Bene. „Dir ist Bella jetzt egal. Aber ich bin leider immer noch verknallt in sie."

„Ach Bene. Du liebst nur das schöne Bild von ihr. Der Mensch dahinter ist nicht schön."
„Kann sein. Aber das seh´ ich noch nicht", sagt Bene, während sie die Räder abschließen.

„Hast du eigentlich kein schlechtes Gewissen?"

Tobi hebt den Kopf …

„Hast du eigentlich kein schlechtes Gewissen, Marie gegenüber?" Tobi hebt den Kopf und blickt Bene nachdenklich an. „Du weißt, dass diese Frage vollkommen deppert ist, gell Bene?" Bene nickt unentschlossen. „Und doch ist da was dran. Irgendwie sind wir verbunden, so bescheuert das klingt. Ich kenn´´ sie doch überhaupt nicht – und doch bilde ich mir ein, sie zu kennen. Vollkommen verblödet. Sollten wir uns wirklich einmal treffen, gibt das bestimmt eine Riesenenttäuschung auf allen Seiten."
Nachdenklich marschieren sie durch den Biergarten und setzen sich so, dass sie einen möglichst schönen Ausblick haben, was angesichts der unansehnlichen Mehrzweckhalle, in

"Beim Gasteig regen sich alle auf".

der alljährlich der Starkbieranstich zelebriert wird, schwierig genug ist. „Beim Gasteig regen sich alle auf, dass München keinen g´scheiten Konzertsaal hat. Aber eine schöne Starkbierhalle, das wäre doch eigentlich auch mal eine Maßnahme“, meckert Bene. Und jetzt sind sich die Freunde ausnahmsweise mal wieder einig.

Ein Sommernachmittagstraum.

Die Erinnerung daran hilft einem durch den bayrischen Winter.

17

PAULANER NOCKHERBERG

Au

HOCHSTRASSE 77
81541 MÜNCHEN
TEL. 089 4599130

NOCKHERBERG.COM

WIRTSLEIT

PETER & ARABELLA

PONGRATZ

Der Paulaner am Nockherberg ist das Stammhaus des Wiesn-Wirts Peter Pongratz. Außerdem betreibt er auch das Oktoberfest-Zelt Winzerer Fähndl. Die Grünwalder Einkehr vervollständigt das gastronomische Spektrum, welches er mit seiner Frau Arabella Gästen aller Altersklassen offerieren will.

BRAUEREI

PAULANER MÜNCHEN

Öffnungszeiten

BIERGARTEN:
Täglich von
12:00 Uhr bis ca. 24:00 Uhr

RESTAURANT:
Täglich von
10:00 Uhr bis 01:00 Uhr

WOS

KOST'S?

½ Hendl *(Bauern-Brathendl)* . . . 8,80 €
Münchner Wurstsalat . . . . 7,50 €
Obazda *(Weißbier-Obazda)* . . . . 7,90 €
Breze *klein* . . . . 1,40 €
Mass Bier . . . . 8,10 €
Weißbier *0,5 l* . . . . 4,25 €
Apfelschorle *0,5 l* . . . . 3,95 €

SPEZIALITÄTEN DES HAUSES

Tscharlis Elefantenohr

(dünn geklopftes Kalbsschnitzel auf bayerischem Knödelrösti und Blattspinat mit pikanter Pfeffersoße, Schwammerl und gehobeltem Parmesan)

Bierprobe

(5 verschiedene Paulaner-Fass-Biersorten je 0,2l im Bierkarussell)

2.000

SITZPLÄTZE

Muss man sich außerhalb Bayerns mit 4 Jahreszeiten begnügen, so gibt man sich hier erst mit 6 zufrieden: es gesellen sich das Oktoberfest und eben die Fastenstarkbierzeit hinzu. Traditionell wird diese verbunden mit dem bekannten „Politiker derblecken" – im Festsaal am Nockherberg. Das Salvator-Starkbier wird anschließend zwei Wochen lang gefeiert.

Beliebt ist das Ende Juli stattfindende Lampionfest, bei dem 1.000 bunte Lampions den Biergarten erleuchten.

GESCHICHTE

1627

1627 wurden die Paulaner-Mönche von Kurfürst Maximilian I. in das Kloster Neudeck ob der Au berufen. Bereits 1634 begannen sie dort mit dem Bierbrauen. Erstmals 1861 wurde der Frühjahrstrunk im neu erbauten Zacherl-Keller auf dem Nockherberg ausgeschenkt. Seit 1899 namentlich auch Salvator-Keller, wurde er 1944 vollständig zerstört und anschließend wieder aufgebaut. Nach dem Großbrand am 28. November 1999 wurde der neu erbaute Paulaner-Keller im März 2003 wiedereröffnet.

ANEKDOTEN

SO WAR´S

1888 geriet eine kleinere Rauferei zur Massenschlägerei. Es kam in der Kellerhalle zu einem Streit zwischen Soldaten und Zivilisten. Ein Soldat zog seinen Säbel, auch Stöcke und Maßkrüge kamen zum Einsatz. Die hinzukommende Gendarmerie und auch die Zuchthauswache konnten der Menge nicht Einhalt gebieten, bis schließlich eine 50 Mann starke Einheit der Schweren Reiter eintraf und Säbel schwingend in die Halle ritt.

18

Bene probiert's.

TAXISGARTEN

„Hi Babsi, hier ist Bene."

„Hi Babsi, hier ist Bene. Ich wollte Entschuldigung sagen. Da hab´ ich ja einen schönen Schmarrn angestellt. Seid ihr mir sehr böse?"
„Ich weiß nicht. Ehrlich gesagt, weiß ich noch gar nicht so richtig, was los ist. Aber ich bin dir nicht böse. Und ob Marie böse ist, weiß ich auch nicht, hab´ sie seit Tagen nicht gesprochen."
„Wollen wir uns treffen? Dann versuche ich, es dir zu erklären. Im Ta-

xisgarten, abends um halb sieben?“
„Nur wir zwei, meinst du?“
Einen Moment zögert Bene. Und dann gibt er sich einen Ruck, schiebt seine Schüchternheit einen Spalt beiseite und lässt dahinter ein bisschen Kühnheit aufblitzen. „Warum nicht?“
Zu seiner eigenen Überraschung willigt Babsi ein. Und so sitzen die beiden bald im Taxisgarten, gleich um die Ecke von der Taxisklinik, Münchens größter Geburtsstation. So mancher angehender Vater hat dort schon die Wartezeit überbrückt oder ein postnatales Trauma hinuntergespült.

„Wer war das Mädchen bei Tobi auf dem Foto?“,

fragt Babsi.

„Wer war das Mädchen bei Tobi auf dem Foto?“, fragt Babsi.
„Das war Isabella, die hat sich kurz an Tobi herangemacht, das ist aber schon wieder Geschichte“, antwortet Bene. Und als er merkt, dass diese Antwort doch einiges offenlässt, ergänzt er: „Ich hab´ die E-Mail-Adresse von Marie an Bella gegeben.

Und die hat dann diese Mail mit dem Foto von Tobi und sich an Marie geschickt. Daraufhin hat Marie ganz München damit tapeziert. Und nun hat Tobi mit Bella Schluss gemacht. Hab´ ich was vergessen? Glaube, das war's."

„Ist es dem Tobi ernst mit Marie?"

„Ist es dem Tobi ernst mit Marie?"
„Tja, das weiß er wohl selbst nicht so richtig. Am Anfang war es wohl Neugier, dann so etwas wie sportlicher Ehrgeiz und jetzt ist mehr draus geworden. Ob es Marie wirklich ist – keine Ahnung. Bella ist es jedenfalls definitiv nicht mehr."
„Und die Biergartensuche? Ist jetzt erledigt?", fragt Babsi und blinzelt Bene an. „Was aber schade wäre. Ich hab´ in den paar Wochen mehr von München gesehen als in den 25 Jahren, die ich hier lebe."
„Ob es wirklich vorbei ist, liegt auch ein bisserl an uns. Was macht denn Marie eigentlich?"
„Ich weiß es nicht. Sie hat sich verkrochen. Geht nicht ans Telefon,

geht nicht raus und antwortet auf keine Nachrichten. Die lässt grad keinen an sich ran. So ist sie halt."
„Wenn Tobi und Marie jetzt nicht mehr mitmachen, dann bringen wir es eben zu Ende."
Babsi gefiel, wie Bene vorging. Er stand für seinen Fehler ein und war mehr als entschlossen, ihn wieder gut zu machen.
„Ach Babsi – gibst du mir bitte die Adresse von Marie? Ich verspreche dir, ich werde sie diesmal keiner anderen Frau geben."

Ein Typ zum Pferdeausreißen und Bäumestehlen.

Immer zur richtigen Zeit am falschen Ort.

Die Beziehung von Mann und Frau ist eine Aneinanderreihung von Missverständnissen.

Warum sollte es hier anders sein?

18

TAXISGARTEN

Neuhausen

TAXISSTRASSE 12
80637 MÜNCHEN
TEL. 089 156827

TAXISGARTEN.DE

WIRTIN

ANTJE
SCHNEIDER

Antje Schneider ist die Tochter von Anneliese und Hermann Haberl und damit im wahrsten Sinne eine geborene Gastronomin: Nach ihrer Kochlehre bei Gerd Käfer stieg sie 1990 in die Gastronomie ein. Ihr erstes eigenes Lokal war 1996 die Kugler Alm, mittlerweile betreibt die vierfache Mutter mehrere Biergärten in München, darunter den Taxisgarten. Wiesn-Wirtin ist sie auch, in der Ochsenbraterei.

BRAUEREI
HOFBRÄU MÜNCHEN

Öffnungszeiten

BIERGARTEN:
Täglich ab 11:00 Uhr bis ca. 23 Uhr
bei schönem Wetter

WOS
KOST'S?

½ Hendl	7,50 €
Münchner Wurstsalat *(100 g)*	2,60 €
Obazda mit Brot *(100 g)*	2,60 €
Breze	1,20 €
Münchner Weißwurst *1 Stück*	1,90 €
Schweinsbraten *(100 g)*	2,90 €
Mass Bier	7,50 €
Weißbier *0,5 l*	3,90 €
Apfelschorle *0,5 l*	3,20 €

SPEZIALITÄTEN
DES HAUSES

Spareribs
nach Taxisgarten-Geheimrezept!

1.500

SITZPLÄTZE

Der Taxisgarten im Herzen von Gern nah am Dantebad wird gern von Familien und Anwohnern aus der Nachbarschaft besucht – die ruhige Lage, die schattigen 1500 Sitzplätze, die Spielplätze und die romantischen Lichterketten am Abend machen den Biergarten zum Vorgarten der Nachbarn.

Als Stadtbiergarten mit etwas gehobenerem Standard kann man sich hier über Sitzbänke mit Rückenlehnen freuen und einen Abend in geselliger Runde auch an runden Tischen verbringen.

GESCHICHTE

1924

Der Taxisgarten wurde 1924 für die Veteranen des ersten Weltkriegs als Kriegsversehrtenheim erbaut. Seit 1989 wird er von der Haberl-Gastronomie betrieben und ist als Familien-Biergarten eine Institution.

ANEKDOTEN

SO WAR´S

Ganz in der Nähe befindet sich die Taxisklinik, eine beliebte Geburtsklinik – mit Sicherheit hat hier schon der ein oder andere Vater die Geburt seines Nachwuchses verpasst.

19

Es ist vorbei. Oder?

GEYERWALLY

Bettenwechsel!

In den Sommerferien weiß Tobi nie so richtig, was er von den Münchner Freibädern halten soll: Sind sie dann besonders voll, weil die Kinder schulfrei haben oder besonders leer, weil die Kinder mit ihren Eltern in die Ferien fahren? Um das zu klären, beschließt er, an einem August-Samstag (Bettenwechsel!) ins Dantebad nach Neuhausen zu fahren. Bene hat sich zu seinem treuesten Begleiter entwickelt – seit der Sache mit Bella verstehen sie sich noch besser als vorher. Und es ist Bene, der entschlossen ist, die Biergartensuche zu Ende zu bringen. Deshalb stammt von ihm der Plan, nach dem Baden in den Biergarten der Geyerwally zu radeln. Der Garten hieß früher Concordiapark und ist in demsel-

ben großen Grünstreifen zu finden, an dessen westlichem Ende auch der Taxisgarten liegt. Jedenfalls ist das Dantebad für einen heißen Sommertag erträglich gefüllt und der Biergarten ebenso. Er ist nicht zu groß und nicht zu klein, gerade richtig für das Bier abends um halb sieben.

„Du schaust dich ja gar nicht um, ob Marie da ist. Glaubst du nicht, dass

„Du schaust dich ja gar nicht um …"

sie da vielleicht drei Reihen hinter dir sitzt?"
„Ja, schön wär´ das schon ...", gibt Tobi zurück. „Aber nach allem, was du mir erzählt hast, ist jetzt erst mal Pause. Frauen brauchen auch mal Pausen. Dafür wissen sie hinterher genauer, was sie wirklich wollen."
„Ah ja. Bei uns Männern ist das ja viel einfacher: Die wissen bekanntlich von Anfang an sofort, was sie wollen und das ändert sich auch nie", gibt Bene zurück, die Ironie ist

„Jetzt ist erstmal Pause."

unüberhörbar.
„Ich weiß ja gar nicht mehr, wie sie aussieht. Ich hab´ ihr Gesicht nicht

mehr vor Augen. Klar kann ich mir das Foto ansehen. Aber ich weiß nicht mehr, wie ihre Stimme klingt, wie sie lacht, wie sie die Haare schüttelt, ich hab´ kein Bild mehr von ihr. Schau mal, was ich gefunden hab´." Und dann zeigt er Bene das Foto vom alten geschnitzten Herz im Baum mit dem M+T. „Das ist im Grunde die Idee von Tobi und Marie. Eine alte, romantische Vorstellung einer Liebe, die alle Zeiten überdauert. So etwas gibt's doch heute gar nicht mehr. Es ist schade, aber es ist verdammt nochmal so. Wir beide laufen einem Ideal hinterher, das keiner von uns erfüllen kann. Wir sind zwei aus der Zeit Gefallene, zwei Hochstapler der Gefühle."

„Kann ich das haben?", fragt Bene und zeigt auf das Foto.

„Kann ich das haben?",

fragt Bene und zeigt auf das Foto.

Schwankungsdämpfer.

Manchmal ist der Durst größer als die Trinkfestigkeit. Dann verschreibt sich der erfahrene Trinker vor der Einnahme von Bier drei Schmalztabletten.

19

GEYERWALLY

Neuhausen

LANDSHUTER ALLEE 165
80637 MÜNCHEN
TEL. 089 72016766

ZUR-GEYERWALLY.DE

WIRT

CHRISTINE
ZIERER

Christine Zierer, gelernte Restaurant-Fachmeisterin, betreibt seit März 2015 mit ihrer Familie die Geyerwally. Die Tradition hat es in sich: Schon die Eltern ihrer Oma Hildegard waren Wirte, und zwar des Bürgerbräukellers in München. Familie Zierer betreibt auch die Zierer's Karussellbar auf dem Oktoberfest. Opa Max hat das Karussell erfunden und bauen lassen.

BRAUEREI
HOFBRÄU MÜNCHEN

Öffnungszeiten

BIERGARTEN:
Täglich von
10:00 Uhr bis ca. 23:00 Uhr

WOS

KOST'S?

½ Hendl	6,90 €
Münchner Wurstsalat	7,90 €
Obazda	7,20 €
Breze *(mittel)*	1,20 €
Münchner Weißwurst *1 Paar mit Breze und Weißbier*	6,80 €
Schweinsbraten	7,30 €
Mass Bier	6,50 €
Weißbier *0,5 l*	3,70 €
Apfelschorle *0,5 l*	3,30 €

SPEZIALITÄTEN DES HAUSES

Selbst gemachte Kuchen

Hofbräu
Bierkutscher Gulasch

Omas traditionelle Rezepte im Wechsel

GESCHICHTE

1884

Die Gastwirtschaft mit Biergarten war bis 2013 als Concordia Park bekannt. Das Gasthaus selbst besteht bereits seit 1884 als traditionsreicher Biergarten. Das Anwesen gehört der Bayerischen Schlösserverwaltung. Seit 1913 verpachtet der Männergesangsverein Concordia die Wirtschaft und trifft sich hier auch regelmäßig zum Üben.

380

SITZPLÄTZE

Der Biergarten liegt verborgen zwischen den Häuschen des Kleingartenvereins in ländlich anmutender Umgebung. Vieles ist noch im Entstehen, Themenabende und musikalische Veranstaltungen, auch Kulinarisches wie Steckerlfisch und Frühstücksbuffet.

ANEKDOTEN

SO WAR´S

Eines Tags im Mai war der deutsche Metallica-Fanclub vor dem Rockavaria-Festival mit 130 Personen zum Weißwurstfrühstück in der Geyerwally. Mit der Gruppe war ausgemacht, dass sie im Hinterzimmer leise sind, da auch viele Stammgäste älteren Jahrgangs an diesem Sonntag zu Gast waren. Doch dann nutzten die Metallica-Fans das schöne Wetter draußen und das Aufwärmen für den späteren Auftritt der Lieblingsband ging im Biergarten weiter. Erstaunlicherweise gefiel das den Senioren so gut, dass sie mitfeierten und sich sogar eine Wiederholung wünschten.

20

Manchmal braucht man Punk. Punkt.

BACKSTAGE

Independent-Version.

„Liebe Marie",
so beginnt der Brief, den sie am nächsten Tag im Briefkasten findet. Den letzten handgeschriebenen Brief hat sie wohl in der Volksschule bekommen, umso größer ist nun die Überraschung. Ein Foto liegt dabei, ein geschnitztes Herz. Unterschrieben ist der Brief von Bene.
Marie ist so verblüfft, dass sie sofort Babsi und die anderen zusammentrommelt. Heute Abend im Biergarten vom Backstage! In der bisherigen Sammlung von Biergärten bildet das Backstage eine Ausnahme. Denn es ist kein Biergarten im klassischen Sinn, mit Kastanien und Glocke, die beim Anzapfen geläutet wird. Das Backstage ist die Independent-Version davon. Der dschungelähnliche Garten ist bis zum Morgengrauen geöffnet, es gibt Cocktails, DJs und die Backstage-Halle, in der laufend Konzerte stattfinden. Aber das wichtigste Biergarten-Kriterium wird erfüllt: Bier darf man kaufen, Essen mitbringen, sogar „eine licence to grill" gibt es, selber Grillen ist erlaubt. Der Wirt tritt politisch engagiert gegen Rechts auf und ist auch kulinarisch

für alles Neue und Fremde offen. Allerdings geht der Anteil an Dirndln und Lederhosen gegen Null, Jeans heißt die Tracht und schwarz ist die Farbe der Saison. Um den neuen Gamsbarthut auszuführen, also eher keine so gute Wahl. Aber um einen Open-end-Mädelsabend mit Cocktails und guter S-Bahn-Verbindung zu starten, umso besser.

„Babsi, du kennst ja den Bene ein bisschen besser. Was hältst du von der ganzen Truppe?"

„Ehrlich gesagt – die sind ziemlich in

Ordnung. Was der Bene für Tobi alles tut, das ist bewundernswert. Und dass er dir jetzt diesen Brief schreibt, ist doch wahnsinnig süß von ihm."
„Ja, aber was mischt er sich da ein?

„Die Buben
sind
nicht verkehrt."

Das ist doch nur eine Sache zwischen Tobi und mir!"
„Jetzt aber Hallo, meine Liebe! Wenn wir nicht wären, dann hättest du nach dem dritten Biergarten schon aufgegeben. Das ist nicht deine Privatangelegenheit. Das ist unser aller Ding. Und ich finde den Vorschlag von Bene gut. Lass uns das machen."
Lara und Nelly nicken. „Komm, die Jungs sind nicht verkehrt. Finde heute noch einen, der so hartnäckig eine Idee verfolgt. Und wir haben doch alle was davon: Wir lernen neue Biergärten kennen und neue Buben."
Marie hat das Gefühl, dass ihr die Zügel aus der Hand genommen werden und ist wenig begeistert. Aber am Ende willigt sie doch ein.

ACKSTAGE
BAC
König Ludwig Dunkel
BACK STAGE
KULTUR- & VERANSTALTUNGSZENTRUM
NACHTBIERGARTEN
erwehrzufahrt
STRAY FROM THE PATH
SONDASCHULE
27.11.15 MUNCHEN BACKSTAGE WERK
Diary of Dreams
Benefiz Flohmarkt
ROCKERS
EVERY FRIDAY

Es heißt Nachtbiergarten, nicht Nacktbiergarten.

Wobei die Grenzen manchmal verschwimmen.

20

BACKSTAGE

NACHTBIERGARTEN

Neuhausen

REITKNECHTSTRASSE 6
80639 MÜNCHEN
TEL. 089-1266100

BACKSTAGE.EU

WIRT

HANS-GEORG

STOCKER

Stocker hat mit 23 Jahren das Backstage mit Freunden gegründet. Ende der achtziger Jahre machten die wenigen Konzerthallen dicht, die es in München gab, die Szene suchte nach neuen Treffs. Stocker und Freunde fanden ein Freizeitheim in Fürstenried und nannten ihre Konzertreihe Backstage. Das mit dem Backstage war eigentlich ein Hobby. Und Leidenschaft. Dann wurde aus dem Spaß Ernst. Sie schafften sich endlich eine eigene Verstärkeranlage an. Nach vielem Hin und Her und Umzügen ist das Backstage hoffentlich endgültig angekommen.

BRAUEREI

KÖNIG LUDWIG

Öffnungszeiten

BIERGARTEN:
Mai bis Oktober
So bis Fr ab 18:00 Uhr
Sa ab 15:00 Uhr

WOS

KOST'S?

Obazda	3,50 €
Breze *groß*	2,50 €
Mass Bier	5,50 €
Weißbier *0,5 l*	3,60 €
Apfelschorle *0,5 l*	2,50 €

SPEZIALITÄTEN
DES HAUSES

„Licence to grill" –
es darf selbst gegrillt werden:

Nackensteak, Käse, Baguettes und Würstl gibt`s an der Bar; Kohle und Grillanzünder sind kostenfrei

300

SITZPLÄTZE

Der Backstage Biergarten erstreckt sich über zwei Ebenen und bietet Sitzplätze für 300 Gäste. Hübsch mit vielen Pflanzen dekoriert, lädt die Sonnenterrasse mit Cocktailbar und Loungemöbeln zum Genießen und Entspannen ein (an den Wochenenden geöffnet).

Das Besondere am Backstage Nachtbiergarten sind, wie der Name schon sagt, die Öffnungszeiten: vom späten Nachmittag bis tief in die Nacht hinein. Ein idealer Ort vor oder nach einem der vielen Konzerte im Haus. An Wochenenden ist der Biergarten fester Bestandteil der Parties mit DJ oder Liveband.

GESCHICHTE

1991

Das Backstage wurde 1991 in Fürstenried-West gegründet. Seit dem Umzug in die Helmholzstraße 1993 ist der Backstage Nachtbiergarten fester Bestandteil des Kulturzentrums und wurde sowohl beim Umzug 2001 an die Friedenheimer Brücke und 2007 an den jetzigen Standort an der Reitknechtstraße stetig erweitert und verschönert.

ANEKDOTEN

SO WAR´S

Am siebten Geburtstag des Backstage sagte die Hauptband kurzfristig ab. Ein Freund von Stocker schlug eine unbekannte Band aus Germering vor. Weil auf die Schnelle niemand anders aufzutreiben war, wurden sie engagiert. Der Erfolg der Geburtstagsfeier war schon fast abgeschrieben. Aber der Laden war dann doch gesteckt voll, denn die Band hatte ihre ganzen Germeringer Freunde mitgebracht. Damals hieß die Band noch Stiller. Heute kennt sie jeder, die Sportfreunde Stiller.

21

Eine freundliche Entführung.

HOFBRÄUKELLER

„Wo soll's hingehen, Meister?",

fragt Tobi Bene

„Wo soll's hingehen, Meister?", fragt Tobi Bene, als sie sich aufs Rad schwingen. „Haidhausen. Heute sind wir eine größere Runde." „Ist schon länger her, dass jemand mein Privatleben organisiert hat – darf ich Mutter zu dir sagen?", protestiert Tobi, aber es ist ein schwacher Protest. „Kommt Bella auch dazu?", ergänzt er mit einem frotzelnden Unterton.
„Ich glaube, über die Bella-Phase sind wir hinweg. Ich zumindest. Und du?"
„Ich hänge irgendwo dazwischen. Wie eine Seilbahn, die die Talstation verlassen hat und nun zwischen zwei Stützen hängt, alles steckt in den

Wolken und du weißt nicht, wo du ankommst."

„Da gibt's ja nur zwei Möglichkeiten. Mittelstation oder Bergstation", stellt Bene trocken fest.

„Ja, für Realisten stimmt das vielleicht. Aber für Fatalisten gibt's da deutlich mehr Optionen: Die Gondel kann wieder ins Tal zurückfahren, sie kann stecken bleiben oder sie kann abstürzen."

„Tobi, du bist kein Fatalist. Du kannst dir bloß mehr vorstellen als andere Leute. Du kannst dir alles vorstellen, was du willst."

„Aber was will ich denn? Ich weiß es nicht. Also kann ich mir gerade auch nichts vorstellen."

„Tobi – du jammerst. Das nervt!", sagt Bene und Tobi muss ihm innerlich recht geben.

Als sie in den Biergarten des Hof-

„Tobi – du jammerst. Das nervt!"

bräukellers kommen, sieht er Marie und ihre Freundinnen sofort. Sein Herz macht zunächst einen Hüpfer, dann bleibt es stehen, dann setzt sein Verstand aus, dann setzt er wieder ein und beginnt zu protestieren.

„Glaube nicht, dass das eine gute Idee ist“, murmelt er Bene hinterher, der „Ach Quatsch!“ sagt und sich sofort zu Babsi setzt. Tobi begrüßt die Tischrunde mit verhaltener Begeisterung. Er holt mit René ein paar Biere und überlegt währenddessen krampfhaft, wo er sich nun hinsetzen soll.

Gute Idee
oder
keine gute Idee?

Alle schauen ihn so aufmunternd an – es ist zum Kotzen. Dann gibt er sich einen Ruck und setzt sich zu Marie, deren Wiedersehensfreude auch ein wenig gebremst scheint. „Ich glaube, wir sollen verkuppelt werden“, lächelt er ihr matt zu, während er ihr eine Mass hinschiebt.

„Ja, unsere sogenannten Freunde haben da offenbar eine fixe Idee. Schau nur, wie sie uns beobachten. Wie ein Panda-Pärchen im Zoo“, motzt Marie.

„Sind Pandas nicht diese völlig desinteressierten Tiere? Ständig zugedröhnt von ihren Eukalyptus-Trips und nur schwer für die Paarung zu begeistern?“, gibt Tobi zurück.

Marie nickt. „Stimmt. Paarungsun-

willig bist du ja nicht gerade, hab´ ich gehört. Von mir aus. Dann such dir ein anderes Tier aus. Irgendwas aus dem Zoo.“

Die Stimmung bleibt aufgeladen. Und so tauschen Tobi und Marie im Zoo-Bereich des Tisches mehr oder weniger liebenswürdige Sticheleien aus, während sich die Freunde im Publikumsbereich gut amüsieren. Mittendrin: Bene und Babsi.

W

HOFBRÄUKELLER

Haidhausen

**INNERE WIENER STRASSE 19
81667 MÜNCHEN
TEL. 089 499250**

HOFBRAEUKELLER.DE

WIRTSLEIT

FAMILIE
STEINBERG

Seit gut 20 Jahren kümmern sich Günter und Margot Steinberg um das Wohl der Gäste im Hofbräukeller. Margot ist die Tochter von Wienerwald-Gründer Friedrich Jahn. Mittlerweile arbeiten auch Tochter Silja und Sohn Friedrich im Hofbräukeller mit. Die Familie führt noch verschiedene Wienerwald-Lokale in München und natürlich das Hofbräuzelt auf der Wiesn.

BRAUEREI
HOFBRÄU MÜNCHEN

Öffnungszeiten

BIERGARTEN:
Täglich von
10:00 Uhr bis 24:00 Uhr

WOS
KOST'S?

½ Hendl	6,80 €
Münchner Wurstsalat *mit Brot*	7,20 €
Obazda	7,30 €
Breze *klein*	1,40 €
Münchner Weißwurst *1 Stück*	2,40 €
Schweinsbraten	12,50 €
Mass Bier	7,70 €
Weißbier *0,5 l*	4,40 €
Apfelschorle *0,4 l*	3,50 €

SPEZIALITÄTEN
DES HAUSES

Flammkuchen

Offenkartoffel
mit Schnittlauchcreme und Shrimps

Spareribs

1.800

SITZPLÄTZE

Im Winter bietet die Almhütte sonntags Weißwurst-Frühstück oder gelegentliche Fondue-Abende an. Von April bis September öffnet die Sausalitos Sommerbar.

Zwergen-Paradies
Bei schönem Wetter gibt es – neben dem Spielzimmer im Lokal – auch auf dem Spielplatz im Biergarten eine persönliche Betreuung für die Kinder und sogar ein extra Kinderferienprogramm.

GESCHICHTE

1892

Der Biergarten liegt rechts der Isar am Wiener Platz. Das Hochufer mit seinen natürlichen Höhlen war für die Brauer ideal, um dort Bierkeller anzulegen. Bereits Ende des 18. Jahrhunderts schenkten sie hier ihr Bier direkt vor Ort aus.

1892 – 1894 erbaut, wurde der Hofbräukeller am Wiener Platz als kunsthistorisch bemerkenswertes Bauwerk der Neurenaissance betitelt. Am 6. April 1987 brannte das Gebäude aus und erhielt nach einer aufwendigen Renovierung 1993 den Fassadenpreis der Stadt München. Heute ist es beinahe das letzte Zeugnis der einst florierenden Brauindustrie in Haidhausen.

22

Ein Schritt vor, zwei zurück.

HOPFENGARTEN

„Für mich sieht das wie Liebe aus."

„Glaube nicht, dass das so eine gute Idee war", murmelt Marie, als sie sich zu Babsi und den anderen Freundinnen an den Tisch setzt. „Ach Quatsch!", sagt Babsi, „Das war sogar eine super Idee. Ihr zwei seid einfach füreinander gemacht. Wie ihr euch ständig gegenseitig neckt, nenn es, wie du willst, aber für mich sieht das nach Liebe aus."
„Du spinnst doch total", reagiert Marie ein wenig zu überheftig, um sich nicht den Verdacht zu bestätigen, dass an der Idee vielleicht doch ein Körnchen Wahrheit dran sein könnte. „Ich lass´ mir doch nicht von dir einreden, was wahre Liebe ist. Und überhaupt – wieso treffen wir uns schon wieder in einem Biergarten. Gibt's denn in München keine Bars mehr? Und was ist mit Clubs? Tanzt denn keiner mehr von euch?"

„Du spinnst doch total!"

„Reg´ dich ab, Marie", gibt Babsi zurück. Erstens ist das Wetter so schön, dass es gar keinen Grund gibt, irgendwo drinzusitzen. Zweitens gibt's im Hopfengarten einen Tanzboden und eine Live-Band, also, wenn du zappeln willst – darfst du gern loslegen. Und drittens haben wir einen Auftrag. Wir treffen uns abends um halb sieben im Biergarten! Schon vergessen?"
„Das war kein Auftrag. Das war eine Verabredung. Nicht eure Verabre-

„Ist ja nicht für immer."

Nur, bis der Sommer um ist.

dung, sondern unsere Verabredung. Die Verabredung von Tobi und mir. Dass ihr euch das unter den Nagel gerissen habt, ist eure Sache. Warum soll ich da jetzt ständig mitmachen?"
„Ist ja nicht für immer. Nur, bis der Sommer um ist und wir alle Biergärten durchhaben. Nächstes Jahr kannst du in so viele Bars und Clubs gehen, wie du willst. Sei doch froh, dass wir ein Traumwetter haben, verregnete Sommer gibt's sowieso genug!"
Marie gibt sich geschlagen. Gegen die Hartnäckigkeit von Babsi ist kein Kraut gewachsen. Und sie findet die Anstrengungen ihrer Freundin, sie mit Tobi zusammenzubringen, so-

wohl ärgerlich als auch amüsant. Auch wenn sie immer noch nicht weiß, was sie von ihren Gefühlen halten soll.
Ihr zweites Treffen hatte wie unter Laborbedingungen stattgefunden. Ihre Freunde haben sie die ganze Zeit beobachtet und das hat alles verändert. Marie hat einmal von einem Experiment aus der Quantenphysik gehört, bei dem sich die Messung allein dadurch verändert hat, dass gemessen wurde. Konnte man Quantenmechanik auf die Liebe anwenden?

Die Quantenphysik der Liebe.

Wenn ja, dann müsste sie, um sich über Tobi klar zu werden, ihn wohl einmal alleine treffen, ohne ihre kleine Fangemeinde, die die beiden umkreist. Marie verschiebt den Gedanken auf später, denn die Musik setzt ein, und die ersten Tanzwütigen stürmen auf die Tanzfläche. Ob Tobi überhaupt tanzen kann?

Das Rad ist das ideale Transportmittel für einen Bierdurst.

Man kann auch Durscht dazu sagen.

22

HOPFENGARTEN

Westpark

**SIEGENBURGER STRASSE 43
81373 MÜNCHEN
TEL. 089 7608846**

HOPFEN-GARTEN.DE

WIRTIN

ANTJE
SCHNEIDER

Antje Schneider ist die Tochter von Anneliese und Hermann Haberl und damit im wahrsten Sinne eine „geborene Gastronomin“: Nach ihrer Kochlehre bei Gerd Käfer stieg sie 1990 in die Gastronomie ein. Ihr erstes eigenes Lokal war 1996 die Kugler Alm, mittlerweile betreibt die vierfache Mutter mehrere Biergärten in München, darunter den Hopfengarten. Wiesn-Wirtin ist sie auch, in der Ochsenbraterei.

BRAUEREI
LÖWENBRÄU
MÜNCHEN

Öffnungszeiten

BIERGARTEN:
Im Sommer bei schönem Wetter
täglich ab 11:00 Uhr

WOS
KOST'S?

½ Hendl	7,30 €
Münchner Wurstsalat	2,40 €
Obazda	2,50 €
Breze	1,20 €
Schweinerollbraten *(100 g)*	2,90 €
Mass Bier	7,30 €
Weißbier *0,5 l*	3,90 €
Apfelschorle *0,4 l*	3,00 €

SPEZIALITÄTEN DES HAUSES

Knuspriger Steckerlfisch

Spareribs

1.500

SITZPLÄTZE

Besonders bei Eltern mit kleinen Kindern ist der Hopfengarten sehr beliebt: Hier gibt es einen riesigen Sandspielplatz. Auch einen Baby-Sandkasten, den man von den nebenstehenden Tischen aus bestens im Blick hat.

Wer noch ganz am Anfang der Familienplanung steht, hat donnerstags ab 18 Uhr und sonntags ab 16 Uhr bei Live-Acts die beste Gelegenheit zum Anbandeln auf der Tanzfläche.

GESCHICHTE

1983

1983 wurde der Westpark zur Internationalen Gartenausstellung, der IGA, angelegt. Die zwei Biergärten, die sich im Park befinden, wurden im Zuge dessen errichtet und tragen auch in ihrem Namen das Thema der Botanik: Rosengarten und Hopfengarten.

ANEKDOTEN

SO WAR´S

Nur wenige Minuten vom Hopfengarten entfernt, findet jeden Sommer das Kino-Open-Air „Sonne, Mond und Sterne“ statt. Bei einem kühlen Bier und einem knusprigen Hendl aus dem Biergarten ist das Kinovergnügen gleich doppelt so schön.

23

Irgendwie oder so.

ROSENGARTEN

Eine Hopfenoperette.

Der Westpark ist mit gleich zwei Biergärten gesegnet. Dem Hopfengarten im Norden und dem Rosengarten im Westen. Und während Marie in der Nordecke sitzt, radelt Tobi zur gleichen Zeit durch den westlichen Westparkzipfel. Er ist mit Carla, seiner Uralt-Freundin aus Kindergartenzeiten, verabredet zum Open-Air-Kino. Und weil der Sommer so heiß und der Bierdurst ein verlässlich wiederkehrendes Phänomen ist, treffen sie sich vorher im Rosengarten. An den Randplätzen hat man eine schöne Aussicht über die blühenden Büsche an der Rosen-

Eine Biergartenromanze.

treppe und es ist nie so überfüllt, dass sich kein schöner Platz mehr finden ließe.

„Ich hab´ gehört, du spielst die Hauptrolle in einer Biergartenromanze“, begrüßt ihn Carla. Bei jeder anderen wäre Tobi sauer gewesen, doch Carla darf so etwas. „Stimmt, eine Hopfenoperette. Von wem hast du das gehört?“

„Ganz ehrlich. Ich weiß es nicht“, bekennt Carla. „Eure Rundreise ist so eine Art Stadtgespräch geworden. Jetzt gibt es sogar schon Gruppen, die es euch nachmachen und versuchen, alle Biergärten in einem

Sommer abzuklappern." „Ja, wenn das Wetter weiter so mitspielt, kann das wohl klappen. Apropos Wetter, heute Abend soll es gewittern. Das wird wohl nichts aus unserem Kinoabend."

„Keine Ahnung, was da läuft."

Als Antwort zieht Carla zwei originalverpackte Plastik-Regencapes aus der Tasche. „Prognosen interessieren mich nicht. Wenn die Leinwand nicht wegfliegt, ziehen die ihre Vorführung durch. Trocken bleiben wir mit den Ponchos auf jeden Fall. Jetzt erzähl mal, was läuft denn da jetzt mit dir und deiner Marie. Ich wusste gar nicht, dass es Frauen gibt, mit denen du nicht gleich in der ersten Nacht im Bett landest."

„Keine Ahnung, was da läuft. Ich kenn´ sie ja noch gar nicht richtig", versucht Tobi abzublocken.

Carla grinst ihn unverschämt an. „Wie viele Frauen, mit denen du zusammen warst, kennst du denn richtig?" Dann hebt sie entschuldigend die Hände. „Sorry, geht mich nichts an."

„Also, wenn du's genau wissen willst: Das letzte Treffen mit Marie

war vollkommen überflüssig. Wir saßen einen Abend zusammen und haben uns angemeckert wie Roche und Böhmermann. Und die anderen saßen daneben und haben sich über uns amüsiert. Vielleicht sollten wir eine TV-Talkshow machen."
„Magst du sie denn wiedersehen?"
Tobi, nach einigem Nachdenken: „Unbedingt."

11 Euro
13 Euro
14 Euro

Brezn Standl

Darf ich abräumen?

Dieses Geflügel kommt ohne Blaukraut und Knödel. Und ist nur an den Brezнresten interessiert.

23

ROSENGARTEN

Westpark

WESTENDSTRASSE 305
81377 MÜNCHEN
TEL. 089 57869300

WIRTSHAUSAMROSENGARTEN
.DE

WIRT

GERHARD
RIEDER

Der Münchner Gastronom Gerhard Rieder hat den Rosengarten 2012 übernommen. Zuvor hatte er 23 Jahre hier gekellnert und immer davon geträumt, einmal als Chef hinter dem Zapfhahn zu stehen. Er setzt als Wirt auf gehobene bayerische Küche und legt viel Wert auf Qualität. Gerhard Rieder veranstaltet auch regelmäßig Abende mit Starköchen, die seine Gäste mit einem Menü verwöhnen.

BRAUEREI
PAULANER
MÜNCHEN

Öffnungszeiten

BIERGARTEN:
In den Sommermonaten bereits ab 9:00 Uhr

RESTAURANT:
Täglich von 10:00 Uhr bis 01:00 Uhr

WOS
KOST'S?

½ Hendl	7,90 €
Münchner Wurstsalat	6,50 €
Obazda	6,50 €
Münchner Weißwurst *(2 Stück mit Brezn)*	5,90 €
Schweinsbraten	9,90 €
Mass Bier	7,00 €
Weißbier *0,5 l*	4,00 €
Apfelschorle	3,80 €

SPEZIALITÄTEN
DES HAUSES

Frisch geräucherter
Steckerlfisch

Hausgemachter
Obazda

1.500

SITZPLÄTZE

Das Wirtshaus am Rosengarten hat 365 Tage im Jahr geöffnet. Der dazugehörige Biergarten liegt auf einer kleinen, künstlichen Anhöhe mit wunderbarem Blick auf einen See am westlichen Ende des Westparks. Bei schönem Wetter geöffnet, kann man hier auch schon mal bis 1 Uhr einen gemütlichen Abend verbringen.

Frische Brezn und Steckerlfisch, von Mai bis August Livebands mit Musikrichtungen von Rock'n'Roll bis Bayerisch. Am nahegelegenen See findet im Sommer unter anderem das Open-Air-Kino Sonne, Mond & Sterne statt.

GESCHICHTE

1983

Der Rosengarten Biergarten und das dazugehörige Wirtshaus wurden speziell für Besucher der Internationalen Gartenbau-Ausstellung (IGA), die 1983 im Westpark stattfand, errichtet.

ANEKDOTEN

SO WAR´S

Der Maibaum im Biergarten ist einzigartig in München. Denn er verbindet die Vereinsfarben der zwei großen Münchner Fußball-Vereine. Der Burschenverein stellt ihn am 01. Mai mit Hilfe von jeweils zwei Spielern der Mannschaften auf. Er ist rechts und links mit den Vereinsemblemen und mit Fußbällen geschmückt.

24

Marie verirrt sich.

HIRSCHGARTEN

„Na, hast deinen Tobi immer no ned g'funden?"

Im Hirschgarten sich zu verabreden, kann schwierig werden. Münchens größtes Open-Air-Trinkgelage ist an warmen Nachmittagen ein fast endloses Menschenmeer. Ein Meer, in dem schon so mancher untergegangen ist. Gott sei Dank gibt es Masskrüge zum Festhalten. Im Handy-Zeitalter ist die Suche natürlich viel einfacher. Falls man Strom hat. Und sich das Gerät nicht ständig unkontrolliert ein- und ausschaltet. Genau so einen Abend hat Marie erwischt. Sie wollte sich doch nur mit

„Machst du Ferien in good old Bavaria?"

vier Studienkollegen treffen. Und jetzt irrt sie durch die Bankreihen und muss sich auch noch von Wildfremden blöd anreden lassen: „Na, hast deinen Tobi immer no ned g´funden?" Auf diese Art von Bekanntheit legt Marie wirklich keinen Wert. Und plötzlich steht er vor ihr. „Georg!" Marie ist sprachlos. Na ja, fast sprachlos: „Machst du Ferien in good old Bavaria?"

„Marie! Wow? Was für ein ... Glück!" Die beiden zögern einen Sekundenbruchteil, dann umarmen sie sich. „Ui, das ist aber lange her."

„Fühlt sich jetzt aber gar nicht mehr so an. Mit wem bist du denn hier?“, fragt Marie.

„Ich suche eigentlich den Gerd – aber ich hab´ nur seine Festnetznummer.“

„Und ich suche auch ein paar Leute,

„Danke, liebes Handy, dass du spinnst!“

aber mein Handy spinnt. Es ist aussichtslos heute.“

„Macht nichts. Wir haben doch alles gefunden.“

Marie strahlt: „Zufälle gibt's nicht.“

„Danke, liebes Handy, dass du spinnst!“, sagt Georg in Richtung von Maries Handtasche. Dann holen sie sich zwei Mass und ein Hendl und zehn Jahre verfliegen wie nichts.

Georg, der blonde Eisbachsurfer aus der zehnten Klasse, der nach dem Austauschjahr nicht mehr aus Kalifornien zurückgekehrt ist, war ein ganz besonderer Schwarm von Marie gewesen. Nicht nur von Marie, aber besonders von Marie.

Nicht genügend gefüllte Krüge
nachschänken lassen

Dating-Problem.

Es ist ja nicht so, dass man in München niemanden kennenlernen würde.
Es sind halt immer nur die falschen.

KÖNIGLICHER HIRSCHGARTEN

Nymphenburg

HIRSCHGARTEN 1
80639 MÜNCHEN
TEL. 089 17999119

HIRSCHGARTEN.DE

WIRT

JOHANN
EICHMEIER

Bereits seit dem 14. September 1988 ist er der Pächter des Königlichen Hirschgartens. Damit ist er der am längsten amtierende Wirt, den Münchens größter Biergarten bis jetzt gesehen hat.

BRAUEREI

AUGUSTINER BRAUEREI

Öffnungszeiten

BIERGARTEN:
Täglich von 11:30 Uhr bis ca. 24:00 Uhr

RESTAURANT:
Täglich von 10:00 Uhr bis 24:00 Uhr
Durchgehend warme Küche
von 11:30 Uhr bis 22:00 Uhr

WOS

KOST'S?

½ Hendl	6,90 €
Münchner Wurstsalat	5,40 €
Obazda	5,40 €
Breze *groß*	3,10 €
Münchner Weißwurst *2 Stück*	4,40 €
Schweinsbraten	9,60 €
Mass Bier	7,40 €
Weißbier *0,5 l*	4,10 €
Apfelschorle *0,5 l*	3,60 €

SPEZIALITÄTEN
DES HAUSES

Hirschbraten
(aus der Keule mit Rahmschwammerl und Spätzle)

Wildgeschnetzeltes
(in Wacholdersauce)

8.000

SITZPLÄTZE

Münchens größter Biergarten hat mehr zu bieten als Augustiner Bier, Steckerlfisch und resche Brezn. (Das alleine würde ja schon reichen.) Dazu gibt's einen kleinen Wildpark, der dem Garten seinen Namen gab, einen Sonntagsfrühschoppen mit Blasmusik und Großleinwände für Fußballfans.

Ein weiterer Publikumsmagnet ist jeden Juli das Magdalenenfest, sozusagen die „kleine Dult" im Hirschgarten.

GESCHICHTE

1791

In diesem Jahr wurde unter dem Kurfürsten Karl Theodor, dem damaligen Jagdmeister, das sogenannte Jägerhaus errichtet. Dies legte den Grundstein für das gesellige Beisammensein im heutigen Hirschgarten. Doch auch schon zuvor war der Garten ein beliebtes Ausflugsziel. 1780 erging der Auftrag, auf dem etwa 40 Hektar großen Areal der ehemaligen Fasanerie einen abgezäunten Tiergarten, den Hirschgarten, anzulegen.

ANEKDOTEN

SO WAR´S

Der Überlieferung nach gab es vor langer Zeit einen weißen Hirsch. Dieser, sehr zutraulich, aß von den Tellern der Gäste vergnügt den Radi oder gerne auch mal den Wurstsalat.

25

Abgeschossen.

FRANZISKANERGARTEN

„Kommst mit zum Lampionfest?"

„Kommst mit zum Lampionfest?" Bei vierzehn Grad und leichten Schauern braucht so eine Frage vielleicht eine kleine Bedenkzeit, aber bei 30 Grad sowie der Aussicht, Mojitos in kurzen Hosen zu trinken, schreien bei Tobi alle Synapsen im Hirn sofort „Ja!" Auch wenn der Franziskanergarten von Schwabing aus eine halbe Atlantiküberquerung weit weg ist, Tobi sagt zu. Ohne groß zu fragen, wer denn noch dabei ist. Was sich etwas später als verhängnisvoll herausstellen sollte.

Aber wie hätte er das denn ahnen sollen: Alle Zeichen standen auf Grün:

Es gibt eine Mitfahrgelegenheit im Auto, und nach Hause teilen sie sich dann ein Taxi. So ist der Plan. Über die Stadt hat sich ein leichter Dunst gelegt, der verhindert, dass es abends allzu sehr auskühlt. Eine Live-Band wird spielen. Und natürlich geht's nicht abends um halb sieben los, sondern erst gegen halb neun.
Um zehn ist Tobi voll in Fahrt. Der Mojito (oder war es ein Caipiroska? So genau ließ sich das nicht mehr sagen) war einfach zu köstlich und die Musik lud zum Tanzen ein, danach war man wieder durstig und traf sich vor Franzl's Caipi-Hüttn und dann teilt sich plötzlich die Menschenmenge. Tausend Männer starren mit leicht geöffnetem Mund in die gleiche Richtung, manchem gelingt es nicht mehr, den Sabbertropfen einzufangen. Der Saxofonist auf der Bühne legt ein Solo hin, wie noch nie an diesem Abend. Da läuft eine junge Frau. Es ist ja nun nicht so, dass das Lampionfest ein reiner Herrenabend

In diesem Moment sind alle anderen unsichtbar.

wäre, da sind auch noch Tausend Frauen. Aber in diesem Moment sind alle anderen unsichtbar und nur eine Einzige ist da. Und die läuft schnurstracks auf Franzl's Caipi-Hüttn zu. Und küsst einen jungen Mann von schräg hinten auf den Hals. Tobi hat die Reaktion der Männer um ihn herum gesehen, aber nicht, was da direkt auf ihn zukommt.

Wie ist das, wenn man plötzlich der meistbeneidete Mann der Welt ist? Tobi spürt, wie ihn eine Welle von heißem Neid überrollt. Gleichzeitig spürt er den Kuss auf seinem Hals. Und den Duft kennt er auch wieder. Alles zusammen fühlt sich ziemlich erfreulich an.

„Hallo …“ (In dieser Millisekunde ringt er mit sich, ob er nun ein Isa vorausschicken sollte. Dafür spricht, dass er ja mit ihr Schluss gemacht

„Wieso hast du denn fast nichts an?“

hat. Dagegen spricht, dass er immer schon zu ihr Bella gesagt hat, und er sich wie ein Idiot vorkäme, wenn er das plötzlich wieder änderte. Außerdem fand er das Gefühl, der meistbe-

„Ist das nicht ein Fall für die Sittenpolizei?"

neidete Mann der Welt zu sein, ziemlich angenehm, er wollte sich noch ein bisschen darin suhlen. Also sagt er:) „Bella. Wieso hast du denn fast nichts an? Ist das nicht ein Fall für die Sittenpolizei?"
Bella lacht ihr rauchiges, gurrendes Lachen und die Ohren in ihrer Umgebung saugen es gierig auf, als wären es Berührungen. „Weil mir so heiß ist!", sagt sie, schnappt sich von Tobi das dicke kalte Glas und nimmt einen großen Schluck.

Warnhinweis!

Wenn Brezn so aussehen, dann sind sie eine Verkaufsförderungsaktion des lokalen Zahnarztes.

FRANZISKANERGARTEN

Trudering

FRIEDENSPROMENADE 45
81827 MÜNCHEN
TEL. 089 4300996

FRANZISKANERGARTEN.DE

WIRTSLEIT

MARGRET & MARKUS

HUBER

Seit 2010 ist der Franziskanergarten in Hubers´ Händen. Sie sind Wirtsleut in dritter Generation, der Großvater Bruno führte den Salvatorkeller.

BRAUEREI
SPATEN
FRANZISKANER

Öffnungszeiten

BIERGARTEN:
Täglich bei schönem Wetter
von 11:00 Uhr bis ca. 22:30 Uhr

RESTAURANT:
Täglich von
10:00 Uhr bis 24:00 Uhr

WOS
KOST'S?

½ Hendl	7,20 €
Münchner Wurstsalat	5,90 €
Obazda	4,50 €
Breze *groß*	3,80 €
Münchner Weißwurst *1 Stück*	2,00 €
Schweinsbraten, *(Portion Bierbratl ohne Beilage)*	6,60 €
Mass Bier	7,50 €
Weißbier *0,5 l*	4,10 €
Apfelschorle *0,5 l*	4,00 €

SPEZIALITÄTEN
DES HAUSES

Spareribs und BBQ Sauce
nach Hausrezept

Spanferkel vom Grill
(nur Sonntags)

2.200

SITZPLÄTZE

Das legendäre „Lampionfest" mit der berühmten Münchner-Band, den Cagey Strings, findet jedes Jahr im August statt. Mittlerweile ein MUSS, platzt der Franziskanergarten an diesem Abend aus allen Nähten. Sobald es dunkel wird, werden an allen Tischen die Lampions angezündet und ein vergnüglicher Abend kann seinen Lauf nehmen.

GESCHICHTE

1917

1917 wurden während des Ersten Weltkrieges Felder nahe dem Dorf Trudering in Parzellen aufgeteilt. Städter aus den verarmten Arbeitervierteln Au und Haidhausen sollten hier ansiedeln und in den Gärten Kartoffeln und Gemüse anbauen können. Ein Denkmal an der Friedenspromenade erinnert noch an diese Anfänge der Gartenstadt Trudering. Seither hat sich die Ernährungslage bekanntlich deutlich gebessert. Und schon seit den Zwanzigerjahren steht gleich gegenüber dem Denkmal eine Schankwirtschaft.

ANEKDOTEN

SO WAR´S

Nicht von den Mönchen, die hier einst über die Felder gewandelt sein könnten, erhielt der Franziskanergarten seinen Namen, sondern durch das Weißbier, das hier in vorgekühlten Krügen ausgeschenkt wird.

26

Von der Isar an die Seine.

LAIMER'S

Die Liebenden von Pont-Neuf.

Tief im Westen, da liegt Laim. Zwischen dem aufstrebenden Pasing und dem aufstrebenden Westend. Gibt es eigentlich irgendeinen Stadtteil in München, der nicht aufstrebend ist? Nein, auch hier wachsen die Bürohochhäuser in den Himmel, so weit es die Höhe der Münchner Frauentürme eben zulässt. In der Nachbarschaft des Laimer's ist das anders. Das liegt mitten in einem gutbürgerlichen Wohngebiet mit ein paar schönen alten Villen in der Nachbarschaft. Und bietet sich zum Beispiel für einen Abstecher an, wenn im Neuen Rex, einem wunderschönen

Programmkino aus den 50er-Jahren, ein cineastisches Schmankerl läuft. So ist es auch an diesem Abend. Auf dem Programm: Die Liebenden von Pont-Neuf.
„Hast du den damals im Kino gesehen?", fragt Georg. „Na hör mal, der Film ist von 1991. Damals war ich noch im Kindergarten."
Während des Films spürt sie, wie sich links von ihr Entspannung breitmacht. Bei Marie fließen die Tränen, weil sie die Trauer der erblindenden Malerin mitfühlt, die von Juliette

„Und, wie hat's dir gefallen?",

versucht es Marie zunächst ganz neutral.

Binoche gespielt wird. Bei Georg hebt und senkt sich der Brustkorb in ruhigen Atemzügen.
„Magst du Filme?", hatte sie ihn vorher leichthin gefragt. „Ich liebe Filme!", hatte er geantwortet. „Auch alte Filme?", „Oh ja, ich liebe alte Filme!" Gab es irgendetwas, das Georg nicht liebte? Die Liebenden von Pont-Neuf gehörten jedenfalls nicht dazu. Auch wenn er es nach dem Kino nicht zugeben will. „Und, wie hat's dir gefallen?", versucht es Marie zunächst ganz neutral. „Oh, super!

Ganz toller Film." Das findet sie nun schon etwas seltsam. „Und was hat dir am besten gefallen?"
Kurzes Nachdenken. „Paris. Ich liebe Paris. Und diese tolle Brücken!" (Na ja, immerhin hat er sich an den Filmtitel erinnert.)
„Ja, Pont-Neuf. Warst du schon mal in Paris?"
„Nein, aber es steht ganz oben auf meiner todo-list!", und so weiter. Allmählich steigt in Marie Ärger auf. Hat sich der Sunnyboy am California Beach sein Hirn wegschmelzen lassen?
„Und wie fandest du die Wasserskiszene?"
„Wunderschön."
„Ja", frotzelt Marie, und jetzt hat sie

„Und wie fandest du die Wasserskiszene?"

genug von dem Spiel und stellt ihm eine Falle: „Wie die Sonne auf dem Wasser glitzert."
Und Georg: „Ja, so ein wunderschönes Licht, so sonnig."
Was Georg ganz offensichtlich weder

„Tschüss, Beachboy."

weiß noch während seines Schläfchens mitbekommen hat: Die berühmte Wasserskiszene spielt auf der Seine. In der Nacht. Und für das Glitzern sorgen nur ein paar bengalische Feuer am Ufer. Beim Verabschieden sagt Marie einfach nur: „Tschüss, Beachboy." Und es klingt kein bisschen traurig.

Bestellen erlaubt.

In einem guten Biergarten darf man Gutes nicht nur selbst mitbringen. Sondern es auch selbst bestellen.

LAIMER'S

Laim

AGRICOLASTRASSE 16
80687 MÜNCHEN
TEL. 089 5466401

LAIMERS.COM

WIRTSLEIT

STEFAN & CORDULA ENGL

Stefan Engl übernahm 1996 das damalige Jugoslawische Restaurant und machte daraus das Laimer's. Er ist in der Nachbarschaft aufgewachsen und kehrte später eher durch Zufall wieder hierher zurück.

BRAUEREI
LÖWENBRÄU MÜNCHEN

Öffnungszeiten

BIERGARTEN:
Täglich von 17:00 Uhr bis ca. 22:30 Uhr

RESTAURANT:
Täglich von
10:00 Uhr bis 01:00 Uhr

WOS
KOST'S?

Münchner Wurstsalat	5,80 €
Obazda	4,80 €
Münchner Weißwurst *1 Stück*	2,10 €
Schweinsbraten, *(mit Dunkelbiersauce an Serviettenknödel und Krautsalat)*	10,90 €
Mass Bier	6,80 €
Weißbier *0,5 l*	3,60 €
Apfelschorle *0,4 l*	2,90 €

SPEZIALITÄTEN
DES HAUSES

Gambas al Ajillo
(scharfe Knoblauchgarnelen mit Baguette)

Feigenravioli in Ziegenkäsesauce

Knuspriges Brezenschnitzel
(mit Preiselbeer-Rotweinsauce und Butterspätzle)

400

SITZPLÄTZE

Das Laimer's besitzt den einzigen echten Biergarten Laims – mit Kastanien und Selbstbedienung –, denn der Hirschgarten gehört schon zu Nymphenburg.

Der Selbstbedienungsteil ist im Vergleich zum bedienten eher klein, es gibt einen Stand, an dem man allerhand Schmankerl und Getränke bekommt. Sicherlich verlockend ist auch das Wirtschaftswunder: Ein wöchentlich wechselndes Dreigängemenü für 9,90 €.

GESCHICHTE

1898

1898 wurde das Gebäude des früheren Bürgerbräu am äußersten Rand des damaligen Münchens errichtet. Während des Krieges wurde es zu fast 70 Prozent zerstört, der ehemalige Festsaal im ersten Stock als Lazarett genutzt. Nach dem Krieg baute man das Gebäude wieder auf und der Festsaal wurde zum Kino.

ANEKDOTEN

SO WAR´S

Stefan Engl lernte hier seine spätere Frau Cordula kennen, die als Bedienung jobbte. Anfangs war sie so unfreundlich zu ihm, dass um ein Haar nichts aus den beiden geworden wäre. Am doch noch folgenden Happy End soll eine Flasche Amerone nicht unbeteiligt gewesen sein.

27

Wahrheit, eiskalt serviert.

ZUM GRÜNEN BAUM

„Ich muss zur Moni nach Obermenzing!"

Der Sommer wollte und wollte nicht nachlassen. Die Temperaturen blieben tagsüber über dreißig Grad und das Bier wurde schon warm, wenn man den Zapfhahn nur öffnete. „Ich muss zur Moni nach Obermenzing!", fasst Tobi in der Mittagspause seinen Plan. An Radfahren ist bei diesen Temperaturen nicht zu denken, deshalb setzt er sich abends in die S 2, denn der Biergarten Zum Grünen Baum liegt gleich an der Haltestelle.

„Zwei Eis-Mass, bitte!" Der Schankkellner zwinkert Tobis Begleitung zu: „Habts Glück, glei sinds aus!" Er zieht einen Grillhandschuh an, öffnet die schwere Eisschranktür und holt zwei tiefgekühlte Masskrüge hervor. Das Augustiner strömt wie Öl hinein, die Kohlensäure ist von der Kälte so geschockt, dass sie sich kaum zu einem Überschäumen hinreißen lässt. „Zwei reservierst mir noch, bitte? In einer halben Stunde hol´ ich sie mir ab."

„Is´ scho recht, Tobi", gibt er gutmütig zurück. „Du bist doch der Tobi, gell?"

Tobi ist mehr als verwundert. „Ja, kennst mi?"

Der Schankkellner: „I´ glaub´, es gibt koan Biergarten in Minga, der di´ ned kennt. Lass´das trotzdem schmecka!"

„Finger weg vom Tobi."

Und an Moni gerichtet: „Und du bist ned die Marie. Also: Finger weg vom Tobi."
Moni ist verblüfft. Und Tobi hat einiges zu erklären. Die alte Freundin hat von der berühmtesten Münchner Biergartenromanze offenbar nichts mitbekommen. Und nachdem Tobi ihr alles erzählt hat, inklusive der Bella-On/Off-Brisanz, sagt Moni: „Ich glaub´, jetzt brauch´ ich doch noch ein Bier."
Und tatsächlich warten da zwei eiskalte, frisch gefüllte Krüge auf ihn. Diesmal sogar aus Steingut. Mit seinem nun schon bekannten Zwinkern schiebt der Schankkellner sie in Tobis Richtung, hält sie aber noch fest, als

er sagt: „Was war denn das letztens im Franziskanergarten? Tobi – als Mann musst auch mal Nein sagen können!“ Tobi greift zu, aber der Kellner zieht die Krüge zurück.
„Siehst – so einfach geht das“, grinst er ihn überlegen an. Ob er weiß, wie es sich anfühlt, der meistbeneidete

„als Mann musst auch mal Nein sagen können!“

Mann der Welt zu sein? „Ich werd′ d′rüber nachdenken“, murmelt Tobi zerknirscht und bekommt zur Belohnung die Krüge.
Die Ratschläge wollen an diesem Abend kein Ende nehmen. „Wenn du mich fragst“, fängt Moni ungefragt an, während er sich hinsetzt, „ist Bella eine Trittbrettfahrerin. Sie will etwas vom Ruhm des Königspaars abhaben. Aber damit wird sie nie Königin. Königin ist die Marie.“
„Aber ich wollte doch gar kein König werden“, presst Tobi genervt hervor. „Ich wollte doch nur ... ein Bier.“

Danke, Kastanie!

Bei Sonne kühlst du und bei Regen bist du ein Schirm. Je näher am Stamm, umso besser.

ZUM GRÜNEN BAUM

Obermenzing

VERDISTRASSE 47
81247 MÜNCHEN
TEL. 089 81089314

ZUMGRUENENBAUM-MUENCHEN.DE

WIRTSLEIT

FAMILIE

LEHMANN & KESKIC

Familie Lehmann & Keskic führt seit 2002 den grünen Baum als Familienbetrieb. Jürgen Lehmann, gelernter Koch und Hotelkaufmann, sorgt in der Küche für das Beste, Jasminka Lehmann-Keskic, mit Ausbildung als Hotelfachfrau und Jessica-Julia Keskic, Betriebswirtin, kümmern sich im Service und Biergarten um das Wohl der Gäste.

BRAUEREI

AUGUSTINER MÜNCHEN

Öffnungszeiten

BIERGARTEN:
Täglich ab 15:00 Uhr

RESTAURANT:
Täglich von 09:30 Uhr bis 24:00 Uhr
im Winter Montags Ruhetag

WOS

KOST'S?

½ Hendl	6,30 €
Münchner Wurstsalat, *hausgemacht nach altem Familienrezept*	6,30 €
Obazda *mit Brot*	6,80 €
Breze *klein*	1,00 €
Münchner Weißwurst *(1 Paar bis 12 Uhr mit Bier nach Wahl und Breze)*	7,20 €
Schweinsbraten	9,95 €
Mass Bier	6,90 €
Weißbier *0,5 l*	3,70 €
Apfelschorle *0,5 l*	4,20 €

SPEZIALITÄTEN DES HAUSES

Schweinsburger
(mit Jahrhundertsauce)

Spareribs
(mit selbstgemachter pikanter BBQ-Soße)

Ofengebackener Leberkäse
Frische Hendl
Hausgemachte Sülzen

650

SITZPLÄTZE

Seit über 100 Jahren liefert die Augustiner Brauerei ihr Bier in Holzfässern an den Biergarten nach Obermenzing. Im grünen Baum trifft und schätzt sich Jung und Alt zum Schafkopfen, Musikanten-Stammtisch und auf der Kegelbahn.

Die Feierabend-Mass gibt es im Biergarten werktags bis 17.30 für 6,00 Euro. Außerdem gibt es die beliebte Eis-Mass im gefrosteten Krug.

GESCHICHTE

1912

Der grüne Baum ist seit seiner Gründung eine Traditionsgaststätte der Augustiner Brauerei mit ca. 200 Plätzen im Inneren und ca. 650 Plätzen im Außenbereich mit einer großen und geschützten Sonnenterrasse. Preiswerte Hausmannskost und ein familiäres Ambiente machen sie zur typischen Stadtteilwirtschaft.

ANEKDOTEN

SO WAR´S

Besonders stolz ist der Biergarten auf seinen Spitznamen „Obermenzings Wohnzimmer". Und die Wirtsfamilie ist allgemein bekannt als „die Baumfamilie". Wenn`s an der Schänke klingelt, weiß jeder: O´zapft is´ a frisches Augustiner Holzfass!

28
Sogar Tante Bea weiß es.
NEUE FASANERIE

„Irgendwohin, wo mich keiner kennt!"

„Irgendwohin, wo mich keiner kennt!“, das wird nun das Auswahlkriterium für Maries Abendgestaltung. Seit dem Ausrutscher mit Georg hat sie ein mulmiges Gefühl und will nicht mehr so richtig unter die Leute. Bereits im Hirschgarten fühlte sie sich mehr beobachtet als sonst. Da trifft es sich gut, dass sich ihre Tante Beate seit Langem ein Treffen mit ihr wünscht und dafür liegt die Neue Fasanerie genau richtig. Versteckt in einem Wald, gleich um die Ecke vom Botanischen Garten, hofft sie auf ein bisschen Zerstreuung in diesen verwirrenden Wochen. „Wie schön, dich zu sehen!“, begrüßt sie ihre Tante. „Ich freu´ mich immer,

„Wie schön, dich zu sehen!"

wenn ich etwas von dir höre, auch wenn es durch die Zeitung ist."
„Nein, bitte nicht", stöhnt Marie.
Tante Beate kramt in ihrer Tasche und zieht einen Zeitungsausschnitt hervor, den sie säuberlich in eine Plastikhülle verpackt hat. Sie deutet auf das Foto. „Wer ist denn dieser Tobi? Ein wirklich fescher junger Mann! Dein Verlobter? Feiert man heutzutage eigentlich noch Verlobung?"
Marie hatte gehofft, an diesem Abend ein anderes Thema zu finden. Tante Beas drei Katzen, ein neues Zwetschgendatschirezept, selbst die Rollschuh-Bundesliga – alles wäre ihr lieber gewesen. Also alles noch

einmal erzählen. Und ein paar unwesentliche Details (zu denen sie Georg zählte) weglassen.
„Lass´ dir doch einfach Zeit“, rät ihr die Tante mit ihrer gut abgehangenen

„Verstehe,“

sagt Tante Beate,

„die Bombe tickt.“

Lebenserfahrung. Marie rollt die Augen: „Wir haben aber nicht mehr so viel Zeit. Es sind nur noch fünf oder sechs Biergärten, dann ist es vorbei.“
„Verstehe“, sagt Tante Beate, „die Bombe tickt.“ Und Marie nickt.
„Und wie wäre es, wenn du deine Biergartentournee einfach zu Ende bringst und dann im Herbst oder Winter in aller Ruhe versuchst, die Sache mit Tobi zu klären? Losgelöst von dem ganzen Biergartenzirkus?“
„Ehrlich gesagt: Ich habe Angst vor dem Herbst. Ich hab´ Angst, dass wir das, was wir angefangen haben, nicht mehr zu Ende bringen können.“

„Ehrlich gesagt:
Ich habe Angst vor dem Herbst."

Am besten warm.

Bei alten Brezn versteht man, warum Breznsalz auch zum Entfeuchten von Skipisten verwendet wird.

28

NEUE FASANERIE

Moosach

HARTMANNSHOFER STRASSE 20
80997 MÜNCHEN
TEL. 089 1495607

NEUE-FASANERIE.DE

WIRT

VOLKER
ALEX

Volker Alex führt seit dem Pächterwechsel im Jahr 2011 die Neue Fasanerie. Als er die Wirtschaft samt Biergarten übernahm, nannte er die seit dem 18. Jahrhundert bestehende Fasanerie um in Neue Fasanerie, als Zeichen für die lange Tradition und das eigene neue Gewand.

BRAUEREI
HOFBRÄU
MÜNCHEN

Öffnungszeiten

BIERGARTEN:
Mo bis Fr ab 16:00 Uhr
Sa ab 14:00 Uhr
So, Feiertag ab 11:00 Uhr
Schankschluss 22:30 Uhr

RESTAURANT:
Mo bis Sa 11:00 Uhr bis 24:00 Uhr
So 11:00 Uhr bis 22:00 Uhr

WOS

KOST'S?

½ Hendl	6,90 €
Münchner Wurstsalat	4,90 €
Obazda mit Brot	5,50 €
Breze *klein*	1,30 €
Münchner Weißwurst *1 Stück*	2,70 €
Schweinerollbraten	6,20 €
Mass Bier	6,80 €
Weißbier *0,5 l*	3,90 €
Apfelschorle	3,60 €

SPEZIALITÄTEN DES HAUSES

Ragout vom Fasan
mit Pilzen und
Gemüsetaglialini
(Wirtschaft)

1.700

SITZPLÄTZE

Die Neue Fasanerie liegt mit ihrer hübschen Gartenstadtsiedlung mitten im Hartmannshofer Park der Nähe des Schlosses Nymphenburg und dem Botanischen Garten. 1960 endete die landwirtschaftliche Nutzung, der Freistaat wandelte das Land in ein Naherholungsgebiet. In dieser freundlichen Park-Atmosphäre finden1500 Biergartenbesucher unter traditionellen Kastanienbäumen im SB-Bereich Platz und 200 weitere an gedeckten Tischen.

GESCHICHTE

1717

Kurfürst Max Emanuel war leidenschaftlicher Jäger. 1717 gründete er deshalb die Fasanerie in der „Einöde Hartmannshofen“. Mit dem Beginn des 1. Weltkriegs und dem Ende der Monarchie wurde auch die Fasanenzucht eingestellt und 1920 findet die Bewirtschaftung der Fasanerie zunächst ein Ende. 2003 wird die Tradition des Hauses zur Freude vieler Biergartenliebhaber schließlich wieder fortgesetzt.

ANEKDOTEN

SO WAR´S

Bis zu seinem Tod 1726 erlegte Kurfürst Max Emanuel an die 40.000 Stück Wild, darunter weit mehr als 2.000 Fasane.

29

Kamillentee und Rilke.

INSEL MÜHLE

CAT

„Übrigens: Marie steht jetzt auf blond."

Dass Bella eine echte Matz, also ein ausgekochtes Luder ist, zeichnete sich ja bereits ab. Aber dass sie über ein Spetzl- (oder Spitzel-)Netzwerk verfügt, das der NSA zur Ehre gereichen würde, kommt für Tobi dann doch überraschend. Wie sonst sollte sie an ein Foto gekommen sein, das Marie und einen gut aussehenden blonden Mann im völlig überfüllten Hirschgarten zeigt? Genau so ein Foto landet nun in Tobis Postfach. Spöttischer Kommentar dazu: „Übrigens: Marie steht jetzt auf blond."

Es ist furchtbar, was Bilder anrichten können.

Tobi nimmt das erstmal auf die leichte Schulter und verbucht es unter „wär´ doch auch blöd, wenn ich der Einzige wäre, der auf sie steht.“ Doch leider bleibt es nicht bei dem einen Foto. Denn im Zweistundenrhythmus trudeln nun Bilder ein, die den weiteren Verlauf des Abends dokumentieren. Ein herzliches Lachen. Ein tiefer Blick. Ein Händchenhalten. Ein Anschmachten. Ein Kuss.

Es ist furchtbar, was Bilder anrichten können. Vor allem die Bilder, die man gar nicht zu sehen bekommt. Die

Bilder nach dem Kuss. Nachdem die beiden aufgestanden sind. Händchenhaltend. Die Bilder im Kopf, die von einem Mann mit Megaphon kommentiert werden, der dich anbrüllt:

„Ah, steckst du wieder dahinter?"

„Es ist aus, und du Tobi, du Riesenrindviech, hast Schuld daran!"
Das ist ein Tag, um sich krank zu melden. Die 27 Grad da draußen lassen ihn frösteln, er zieht die Vorhänge zu, kocht sich Kamillentee und verkriecht sich mit Rilke im Bett.
Da klingelt es an der Tür. „Ah, steckst du wieder dahinter? Willst du dich wieder entschuldigen, du Arschloch, und alles gut machen? Geht aber nicht." Tobi will die Wohnungstür gleich wieder zuknallen, als er Bene erblickt. Der schiebt einen Fuß in die Tür und hebt abwehrend die Hände. „Selber Arsch. Du gehst ja nicht ans Telefon. Dann hab´ ich bei dir im Job angerufen, und die haben mir gesagt, du bist krank. Also, was macht ein guter Freund? Krankenbesuch."
Verwirrt murmelt Tobi: „Entschuldi-

Kamillentee ist auch keine Lösung.

gung." Und zeigt ihm die Fotos von Marie und dem Unbekannten.
„Warst du eigentlich schon einmal in der Inselmühle? Die ist auch nah am Wasser gebaut", meint Bene, als er Tobis Glitzern in den Augen bemerkt.
„Ich geh´ heute nirgendwohin. Vielleicht ins Wasser, aber bestimmt nicht ans Wasser."
„Ach komm, Tobi. Kamillentee ist auch keine Lösung. Ein Helles, ein halbes Hendl, ein Kartoffelsalat, wenn's geht mit Gurke drin – mit so was wirst du gesund. Und mit viel frischer Luft, natürlich!"
Tobi nimmt entschlossen noch einen Schluck Kamillentee und merkt, dass er ihm gar nicht schmeckt.

Welteinmaligkeit.

Wer Besuchern ein Gefühl für München geben will, muss keine Stadtführung machen. Sich mit ihnen in den Biergarten zu setzen, reicht.

29

INSEL MÜHLE

Untermenzing

VON-KAHR-STRASSE 87
80999 MÜNCHEN
TEL. 089 81010

INSELMUEHLE-MUENCHEN.COM

WIRT

ERIC
PÖLZL

Der gebürtige Steirer Eric Pölzl führt die Insel Mühle und wird von seiner Geschäftsleitung Susanne Mittermeier unterstützt. Er arbeitete sieben Jahre lang als Betriebsleiter im Weinzelt der Familie Kuffler auf der Wiesn. Mit der Insel Mühle hat er sein eigenes Haus mit vollem Programm bekommen: Hotel, Restaurant und natürlich den Biergarten.

BRAUEREI
AUGUSTINER

Öffnungszeiten

BIERGARTEN:
April bis Oktober:
Täglich von 11:00 Uhr bis ca. 23:00 Uhr

RESTAURANT:
Frühstück:
Werktags: 6:30 Uhr bis 10:30 Uhr
Wochenende,Feiertage:
7:30 Uhr bis 10:30 Uhr
Mittag von 11:30 Uhr bis 14.30 Uhr
Abend von 18:00 Uhr bis 22:00 Uhr

WOS
KOST'S?

½ Hendl	7,50 €
Münchner Wurstsalat	5,80 €
Obazda	5,80 €
Breze *groß*	3,50 €
Mass Bier	7,40 €
Weißbier *0,5 l*	3,70 €
Apfelschorle *0,5 l*	3,50 €

SPEZIALITÄTEN DES HAUSES

Portion Spareribs
mit hausgemachter BBQ-Sauce

Halbes Landhendl
vom Grill

Weißwurstsülze
und Tellersülze

GESCHICHTE

1445

1445 wurde am Münchner Westrand die Insel Mühle errichtet. In dem alten Gemäuer wurde bis 1923 mit Hilfe der Wasserkraft der Würm Korn gemahlen. Nach einer Restaurierung beherbergt das Gebäude heute das Romantik Hotel München mit dem dazugehörigen Restaurant und Biergarten Alte Mühle.

800

SITZPLÄTZE

Der Biergarten Insel Mühle liegt an der Würm in Untermenzing. Früher befand sich hier eine Wassermühle. Dicke, dichte Kastanienbäume bieten Schatten für die 800 Sitzplätze im Selbstbedienungsbereich, einige der Tische stehen in der kleinen Bucht direkt am Wasser.

Vom Pasinger Bahnhof aus sind es knapp 4 Kilometer auf einem sehr idyllischen und gut ausgeschilderten Radweg, vorbei an der Blutenburg zum Biergarten.

ANEKDOTEN

SO WAR´S

Die Mühle, eine Hofstatt, und weitere Lehen und Höfe gehörten zu jener Zeit dem Kloster Wessobrunn. Herzog Albrecht III. erwarb vom Kloster 1441 die Anwesen der Hofmark Menzing.

30

In der Presse.

WALDWIRTSCHAFT

Das Sommerloch

„Du schau mal, Alex, ist das ein Dirndl vom Hilfiger?“ Alex Ziesler, Lokalreporter und Ressortchef in Wartestellung, lässt sein Auge gnädig durch den Garten schweifen. „Sabine, merk´ dir das für unser Wiesn-Special. Aber jetzt haben wir ein anderes Thema.“

Redaktionskonferenzen sind normalerweise eine ziemlich trockene Angelegenheit. Nicht heute. Diesmal hat Alex seine kleine Mannschaft

in die Waldwirtschaft bestellt. Alex bekommt in der WaWi einen Journalisten-Tarif und so kann er es sich leisten, sein Team einzuladen. Die Gelegenheit ist günstig, denn der langjährige Ressortchef Kleiner ist im Urlaub und das Sommerloch liegt vor ihnen, voller Erwartung und ohne eine einzige Schlagzeile.
Kein Krokodil im Feringasee, keine Schnappschildkröte am Flaucher und auch keine Biberfamilie im Eisbach, die zwangsumgesiedelt werden soll. Die Bierpreise auf der Wiesn sind noch kein Thema, die Hitzewelle ist zum Normalzustand geworden (in Italien schreibt ja auch keine Zeitung auf die Titelseite, dass es über 30 Grad hat). „Also, Leute: Was haben wir?“

„Also, Leute:
was haben wir?“

Heike, die Fotoredakteurin, zeigt ihm ihr Tablet. „Schau mal, das ist heute reingekommen.“ Alex wischt rasch durch die Fotoauswahl. „Das ist doch längst vorbei. Das war doch diese Biergarten-Suche von den romantischen Analog-Freaks, die wir vor vier Wochen online hatten?“ „Ja,

„Nicht schlecht.
Gar nicht schlecht!"

aber jetzt sieht es so aus, als würden sich da zwei neue Mitsucher beteiligen. Es gibt noch andere Fotos dazu. Leserfotos."

Jetzt betrachtet Alex die Bilder eingehend. Tobi und Marie. Tobi und Bella. Marie und Georg. „Nicht schlecht. Gar nicht schlecht! Liebesjagd durch Biergärten. Das hat Serienpotenzial."

„Persönlichkeitsrechte?", fragt Heike.

„Hallo – die haben doch selbst angefangen und ihre Porträts im Biergarten aufgehängt, oder? Wir helfen ihnen nur bei der Suche. Haben wir sonst noch was?"

Außer einem Schwarzbau in Gern, dem Koikarpfensterben in Grünwald und der Breznbäcker-Weltmeisterschaft wollte dieser Sommer nichts hergeben.
Alex nimmt einen großen Schluck aus seiner Mass. Selten hat sie ihm so gut geschmeckt. „Meinst du, wir bekommen die Fotos exklusiv?"
„Das müsste zu machen sein, außer uns hat die noch niemand."
„Also, beschlossen, dann wird das unsere Summerstory. Am Ende treiben wir die beiden schon noch zusammen." Kalle und Jule, die beiden Praktikanten, werden auf die Story angesetzt. „Macht euch an die Freunde und Freundinnen ran! Wir kommen am Freitag damit raus, und dann brauchen wir Stoff für eine Strecke – bis zur Wiesn."

„Das müsste zu machen sein."

Würtschtl ist eine Beleidigung.

Aber auch ein unersätzlicher Senfträger.

30

WALDWIRTSCHAFT

Großhesselohe

GEORG-KALB-STRASSE 3
82049 MÜNCHEN
TEL. 089 74994030

WALDWIRTSCHAFT.DE

WIRTIN

STEFANIE
KRÄTZ

1982 wurde die Waldwirtschaft vom Wirt Sepp Krätz als Pächter übernommen. Seit 2014 leitet seine Tochter Stefanie Krätz die Wirtschaft. Nach ihrem Studium „Tourismus und Hotelfach" in Wien und einem Diplom an einer internationalen Kochschule in London führt sie die WaWi als „die Steffi".

BRAUEREI

SPATEN MÜNCHEN

Öffnungszeiten

BIERGARTEN:
Täglich von
10:00 Uhr bis ca. 22:30 Uhr

RESTAURANT:
Täglich von 10:00 Uhr bis 22:30 Uhr
Durchgehend warme Küche
von 11:00 Uhr bis 21:30 Uhr

WOS

KOST'S?

½ Hendl	7,80 €
Münchner Wurstsalat	5,60 €
Obazda mit Brot	6,50 €
Münchner Weißwurst *1 Stück*	2,50 €
Schweinsbraten	12,90 €
Mass Bier	7,80 €
Weißbier *(Mass)*	8,20 €
Apfelschorle *0,5 l*	3,30 €

SPEZIALITÄTEN
DES HAUSES

3 Wagyu-Beef-Griller
(aus 100% Wagyu-Rind mit Kartoffel-Gurkensalat)

Wawi´s Biergartenschmankerl
(mit Radi, Radieserl, Wawi´s Obazda, Speck, Schmalz- und Schnittlauchbrot)

2.250

SITZPLÄTZE

Die „WaWi" liegt in Großhesselohe auf dem westlichen Hochufer der Isar. Hier hört man keine Blasmusik, sondern meistens Jazz. Bei gutem Wetter spielt auf der Bühne in der Mitte des Biergartens eine Band Live-Jazz, zu der auch gerne mal das Tanzbein geschwungen wird.

Nach guter alter Sitte darf die Brotzeit mitgebracht werden, im Selbstbedienungsbereich steht dazu auch eine Grillstationen zur freien Verfügung. Einladend ist auch der vielseitige Spielplatz.

GESCHICHTE

1930

Bereits 776 taucht die Schweiger Hesselohe als ein Landgut Herzog Tassilos in Urkunden auf. An der Bierschank-Genehmigung im 15. Jahrhundert erfreuten sich vor allem fromme Pilger, die hier Stärkung fanden. Nach einem Besitzerwechsel im 19. Jahrhundert kaufte 1930 die Münchner Brauerfamilie Sedlmayr für Spaten schließlich das Wirtshaus.

ANEKDOTEN

SO WAR´S

Durch die Biergartenrevolution im Jahr 1995, die hier ihren Ausgangspunkt hatte, machte die „WaWie" bundesweit auf sich aufmerksam. 25.000 Münchner demonstrierten damals auf dem Marienplatz gegen die Vorverlegung der Sperrstunde in den bayerischen Biergärten. Erfolgreich. Die Sperrstunde wurde nicht geändert.

31

Eine andere Geschichte.

SIEBENBRUNN

„Einen Hirsch?"

Es ist wieder einmal Bene, der die Sache in die Hand nimmt. Durch seine fränkische Großtante kennt er das Gasthaus Siebenbrunn, in das sie immer im Herbst zum Karpfenessen einlädt. Im dazugehörigen Biergarten trifft er sich mit seinen Freunden.

„Tja, schade. Aus Tobi und Marie wird wohl so schnell kein Paar mehr. Tobi hat von Biergärten die Nase voll und trinkt neuerdings Tee, und Marie hat einen Neuen gefunden – stellt euch vor: im Hirschgarten!"

Tom meint: „Einen Hirsch? Bei 8.000 Leuten findet sich halt immer irgendeiner."

René, der bis jetzt noch gar nichts ge-

„Die ganze Geschichte."

sagt hat, meldet sich zu Wort: „Kennt ihr eigentlich die Jule noch? Die ist jetzt bei der Zeitung. Neulich trifft sie mich zufällig und fragt mich über Tobi und Marie aus. Wahrscheinlich wird sie sich bei euch auch noch melden."

„Die Schmeißfliege. Warum meldet sie sich bei uns?", fragt Bene.

„Na ja, die wollen tolle Fotos von uns allen machen, um die ganze Geschichte abzurunden", antwortet René.

„Die ganze Geschichte. Und da hast du ihr unsere Namen gegeben?", fragt Bene kopfschüttelnd.

„He, das ist doch eine gute Bekannte. Fast eine Freundin. Ihr kennt sie doch

„Die schreiben sich doch die Story so hin, wie sie es brauchen."

auch. Was ist denn schon dabei? Wir kommen in die Zeitung – cool. Aber jetzt hat sich das sowieso erledigt, da Tobi und Marie kein Paar mehr werden."

„Du glaubst doch nicht, dass die interessiert, wie es wirklich ist. Die schreiben sich doch die Story so hin, wie sie es brauchen", sagt Bene.

„Das heißt, die bringen die Geschichte so oder so?"

„Ja, und keiner kann was dagegen tun."

„Das hat unser Traumpaar echt nicht verdient. Wenn's irgendeine Chance gab, dass die irgendwann vielleicht doch mal zusammenfinden – nach so einer Story ist das komplett ge-

laufen", meint Marc. „Wenn die sowieso nicht die Wahrheit schreiben, könnten wir uns doch auch einen Spaß machen, und sie mit total falschen Infos versorgen."
„Hast du einen Plan?", fragt René.
„Ich glaube schon", sagt Bene. „Aber du musst uns versprechen, dass du der Jule nichts davon erzählst. Versprochen, René?"
„Versprochen. Ehrenwort."

„Das hat unser Traumpaar echt nicht verdient."

Kommt zusammen, was zusammengehört?

Im Moment sind Marie und Tobi noch schdingad aufeinander.

31

SIEBENBRUNN

Harlaching

SIEBENBRUNNER STRASSE 5
81543 MÜNCHEN
TEL. 089 80033777

GASTHAUS-SIEBENBRUNN.DE

WIRT

MARTIN
OSTERRIEDER

Martin Osterrieder ist gelernter Koch und stammt aus Franken. Er hat das Restaurant und den Biergarten Siebenbrunn 2012 als Pächter übernommen und umfassend renoviert. Aus Überzeugung bietet er bodenständige, frische, fränkische und bayrische Kost an – und Willi aus dem Eichenfass.

BRAUEREI
SPATEN
MÜNCHEN

Öffnungszeiten

Täglich ab 11:00 Uhr

WOS
KOST'S?

Schweinsbraten	10,90 €
Mass Bier	7,30 €
Weißbier *0,5 l*	3,90 €
Apfelschorle	3,60 €

SPEZIALITÄTEN DES HAUSES

Ofenfrische Ente und Gans
(Sonntag)

Kesselwarme Schlachtschüssel
(Mittwoch)

Grillvariationen vom offenen Feuer
(Donnerstag ab 18:00 Uhr)

750

SITZPLÄTZE

Drinnen brennt fast immer ein Feuer im Kamin, es gibt fränkisches Gut wie Bradwörschd, Saure Zipfel, Schäufele und Urrädle. Draußen herrscht buntes Treiben, es gibt einen Spielplatz mit Trampolin und neben der Schanktruhe wird die Steckerleis-Truhe gestürmt.

Fußball gibt's dagegen nicht zu sehen, auf public viewing wird verzichtet. Das Brot wird vor Ort selbst gebacken, aber die Brotzeit darf natürlich trotzdem mitgebracht werden.

GESCHICHTE

18. Jh.

Siebenbrunn am Flamingo-Eingang des Zoos ist noch älter als der Tierpark Hellabrunn. Das Gasthaus wurde bereits Mitte des 18. Jahrhunderts als „adelicher Süz“ erwähnt, den der Kurfürsten Max III. Joseph seinem Leibmedicus Johann Josef von Perger zusprach. Der Adelssitz wurde später in eine Fabrik umgebaut, in der Stiefel und Sandalen produziert wurden. Lange blieb die Gaststätte geschlossen und viele Pächterwechsel folgten. Heute ist das renovierte Siebenbrunn wieder eine beliebte Münchner Ausflugsgaststätte am Fuß des Harlachinger Berges mit deftiger Kost.

32

Ein handgeschriebenes Geständnis.

HINTERBRÜHL

Der Herzschlag beschleunigt sich.

Marie öffnet ihren Briefkasten und holt den üblichen Möbelgiganten-Werbekram heraus. Dazu eine Rechnung. Und ein in Handschrift adressiertes Kuvert. Sie merkt, wie in ihr eine angenehme Wärme aufsteigt und sich ihr Herzschlag beschleunigt. Oder liegt das nur daran, dass sie den Atem angehalten hat? Marie widersteht dem Impuls, den Brief sofort aufzureißen und nimmt ihn mit nach oben. Vorsichtig setzt

„Liebe Marie, ich hab'…"

sie ein spitzes Messer an, um den mit Tinte geschriebenen Absender nicht zu zerstören. Es ist ein langer Brief. Auf zwei Seiten geschrieben, mit einer Handschrift, der man ansieht, dass der Verfasser lieber auf dem Computer schreibt. Aber er hat für den Brief trotzdem den Füller aufgeschraubt, Respekt. *„Liebe Marie, ich hab' von meiner ziemlich hinterlistigen Ex-Ex-Ex-Freundin ein paar Fotos bekommen, die dich mit einem blonden Stenz zeigen. Du kannst Dir nicht vorstellen, was das mit mir gemacht hat.*

Heute hat mich Babsi angerufen

und mir erzählt, dass der Hirschgarten-Typ nur ein kleines Intermezzo war, das schon wieder vorbei ist. Danke, dass Deine Freundin so gut auf Dich schaut! Und dabei an mich denkt.
Ich habe es aber satt, alles immer nur

„Es wird Zeit, dich als Ganzes kennenzulernen."

---

aus zweiter Hand zu erfahren. Ich weiß mittlerweile eine Menge über Dich, aber nicht von Dir. Ob das alles stimmt? Meine Phantasie und Deine Realität müssen sich endlich einmal treffen. Ich kenne Dich doch gar nicht. Wieso habe ich dann trotzdem Liebeskummer? Ist es nur meine Vorstellung von Dir? Idealisiere ich Dich zur perfekten Traumfrau? Es wird Zeit, Dich als Ganzes kennenzulernen.
Deswegen möchte ich Dich gerne treffen. Alleine. Von meinen Freunden weiß nur Bene davon, alle anderen denken, ich sitze immer noch mit Kamillentee zu Hause. Vielleicht machst Du das mit Babsi auch so aus, damit wir ungestört sind. Denn

„Also: morgen um halb sieben!"

Dein Tobi

auf noch so ein beobachtetes Treffen habe ich keine Lust.
Also: morgen um halb sieben in der Hinterbrühl. Oder besser: um halb sechs, jetzt wird's ja schon früher dunkel. Ich werde vorne rechts am Floßkanal sitzen, vielleicht bekommen wir noch ein bisschen Abendsonne. Nur wir zwei.
Ich freu´ mich auf Dich,
Dein Tobi"

Der Himmel über München.

Denken wir kurz an die großen alten Hirsche,
die alle da oben sind.

Hinterbrühl

32

HINTERBRÜHL

Thalkirchen

HINTERBRÜHL 2
81479 MÜNCHEN
TEL. 089 794494

GASTHOF-HINTERBRUEHL.DE

WIRTSLEIT

MARGA & GERRY

HABERL

Anfang 2011 übernahmen Mutter und Sohn den Gasthof Hinterbrühl in Thalkirchen. Gleich darauf holten sie den Titel „schönster Biergarten Oberbayerns". Ob er damit auch der schönste Biergarten Münchens ist? Ausprobieren!

BRAUEREI

HACKER PSCHORR

Öffnungszeiten

BIERGARTEN:
Täglich von
11:00 Uhr bis ca. 24:00 Uhr

RESTAURANT:
Täglich von
10:00 Uhr bis ca. 24:00 Uhr

WOS

KOST'S?

½ Hendl	6,50 €
Münchner Wurstsalat	5,50 €
Obazda	5,90 €
Breze	1,00 €
Schweinshaxe	6,90 €
Mass Bier	7,30 €
Weißbier *0,5 l*	3,70 €
Apfelschorle *0,5 l*	3,30 €

SPEZIALITÄTEN
DES HAUSES

Ganzes Spanferkel
für große Gesellschaften

Gerrys Wiener Schnitzel
in Andechser
Fassbutter gebraten

1.000

SITZPLÄTZE

Der Traditionsbiergarten liegt in den Isarauen am linken Ufer des Flusses. Hier haben alle Platz: echte Münchner, Zuagroaste, Eltern, Kinder, Fußballfans, Schauspieler, Berühmte und ganz Normale.

Im Biergarten ist Happy Hour von 15-18 Uhr (Montag bis Freitag, außer an Feiertagen). Eine Mass Hell/Radler kostet nur 5,99 €.

GESCHICHTE

1807

Im 18. Jahrhundert war der Gasthof Hinterbrühl noch eine Kalkbrennerei, heute steht das Gebäude unter Denkmalschutz. Mit der Entwicklung der Floßlände wurde aus dem Haus immer mehr eine Gaststätte für die Isarflößer. 1909 umgebaut und 1991 renoviert, hat der Gasthof seinen ländlichen Stil bis heute erhalten.

ANEKDOTEN

SO IST'S

Die Biergartenterrasse liegt direkt am Floßkanal: An warmen Tagen fahren die Flöße, die von Wolfratshausen die Isar abwärtsfahren, mit Feiergesellschaft und Live Band direkt daran vorbei.

33
Chefsache.
MICHAELIGARTEN

EASY

„Ich hab' die Liste!"

„Ich hab´ die Liste!“, stürzt Jule in die Redaktion. „Es steuert alles auf den Michaeligarten zu. Da werden sie sich treffen, ganz am Ende! Die ziehen das wirklich durch, bis zum letzten Garten. Und erst dort gibt’s das Wiedersehen.“ Alex nimmt die Liste in die Hand. „Ja wunderbar, wo hast du das her? Hast du eine alleinstehende Kastanie erpresst?“
Jule betont bescheiden: „Ganz einfach: Ein alter Schulfreund ist mittendrin in Tobis Clique. Das mit den Zettelbotschaften haben sie aufgehört, weil sie

„Donnerstag, Freitag oder Samstag."

schon überall erkannt wurden. Also haben Tobis und Maries Freunde und Freundinnen die Regie übernommen: Die führen die beiden immer in einen Biergarten, in dem der andere garantiert nicht ist. Damit sie sich erst ganz am Ende treffen. Abends um halb sieben im Michaeligarten."

Alex überlegt kurz, welcher Freund so etwas für ihn tun würde, findet aber keine Antwort. Dann blickt er auf die Liste: 31 Biergärten sind durchgestrichen, drei noch offen. „Und wann soll das sein?"

„Am Donnerstag, Freitag oder Samstag, so genau können die das noch nicht sagen."
„Dein alter Schulfreund weiß das doch bestimmt genau."

„Dein alter Schulfreund weiß das doch bestimmt genau."

„Er sagt, den Termin wollen sie ganz spontan entscheiden. Aber der Michaeligarten steht fest."
Am besten wäre jetzt natürlich, von sofort an alle drei Biergärten gleichzeitig zu überwachen. Alex überschlägt die Kosten für die Reporter und Fotografen und entscheidet sich dagegen. „Wir nehmen ein paar Leser-Fotos und mischen sie mit Archivaufnahmen von den Gärten. Sieht eh alles gleich aus. Wir konzentrieren uns voll auf den Michaeligarten. Das mach´ ich selbst." Die wichtigen Dinge macht eben am besten der Chef.
Der Donnerstag vergeht, der Freitag vergeht und Alex wird unruhig. In der Zwischenzeit knipst er Leute von hinten, die so ähnlich aussehen wie Marie und Tobi. Sicherheitsschüsse, er ist schließlich Profi. Als am Samstag

„I soi da des gebn.
Schen Gruaß von de zwoa."

um halb sieben, noch immer niemand von der Clique zu sehen ist, und schon gar keine Marie und kein Tobi, geht er zur Schank und zieht ein Foto aus der Tasche. „Servus! Ich wollt´ mich mit den beiden hier treffen, waren die schon da?" Der Schankkellner mustert ihn und das Foto kurz.
„Marie und Tobi? Ja, letzte Wocha scho." Dann löst er ein Foto von der Wand, das er mit einer Reißzwecke ans Holz geheftet hatte. „I soi da des geb´n. Schen Gruaß von de zwoa."
Ein riesiges Dekolleté in Dirndlbluse. War das Marie? Erst auf den zweiten Blick bemerkt Alex, dass die zwei prallen Halbkugeln, die da fast aus der XXL-Bluse hüpfen, alles andere sind als ein Busen.
Es ist ein Männerhintern.

Der Pulverdampf nach dem Showdown ist verzogen.

Ist jetzt alles klar?

MICHAELIGARTEN

Ramersdorf

FEICHTSTRASSE 10
81735 MÜNCHEN
TEL. 089 43552424

MICHAELIGARTEN.DE

WIRTIN

ANTJE
SCHNEIDER

Antje Schneider ist die Tochter von Anneliese und Hermann Haberl und damit im wahrsten Sinne eine geborene Gastronomin: Nach ihrer Kochlehre bei Gerd Käfer stieg sie 1990 in die Gastronomie ein. Ihr erstes eigenes Lokal war 1996 die Kugler Alm, mittlerweile betreibt die vierfache Mutter mehrere Biergärten in München, darunter den Michaeligarten. Wiesn-Wirtin ist sie auch, in der Ochsenbraterei.

BRAUEREI

SPATEN
LÖWENBRÄU
MÜNCHEN

Öffnungszeiten

BIERGARTEN:
Mo bis Fr ab 11:00 Uhr
Sa, So ab 10:00 Uhr

WOS

KOST'S?

½ Hendl	7,50 €
Münchner Wurstsalat *(100 g)*	2,60 €
Obazda *(100 g)*	2,60 €
Breze	1,20 €
Schweinsbraten	7,40 €
Mass Bier	7,50 €
Weißbier *0,5 l*	3,90 €
Apfelschorle *0,4 l*	3,00 €

SPEZIALITÄTEN
DES HAUSES

Steckerlfisch

Hausgemachte Kuchen

Saisonale Gerichte
wie Spargel, Pilz und Co.

2.400

SITZPLÄTZE

Der Michaeligarten liegt direkt am Ostparksee. Die kühle Mass in der Hand, die Füße im See, was gibt´s Schöneres? Das Abendprogramm! Da werden die Wasserfontänen im See beleuchtet.

Neben der Naturkulisse bietet der Biergarten selbst über den Sommer ein abwechslungsreiches bayerisches Unterhaltungsprogramm mit Alphornbläsern, Goaßlschnalzern und dem traditionellen „Ochs am Spieß".

GESCHICHTE

1981

Der Michaeligarten liegt im Ostpark, der zwischen 1962 und 1982 als Freizeitpark angelegt wurde. Angeblich geht der Name auf einen Wirt namens Michael Obermayer zurück. Er stiftete München die Michaelikapelle, um sein Wirtshaus, die Michaeliburg, errichten zu können. Den Namen tragen auch das nahe gelegene Michaelibad und ein Stadtviertel. „Michi's Burg" wurde 2009 abgerissen.

ANEKDOTEN

SO WAR´S

Eines Sommers nistete eine Schwanenfamilie mit fünf Babyschwänen in der Nähe des Biergartens. Die Biergartenbesucher konnten die Entwicklung der Kleinen hautnah miterleben – und vom eigenen Tisch etwas zu deren Speiseplan beitragen.

34

Geht es besser?

LEIBERHEIM

„Mei,
dann tröpfelt's halt".

Ein trüber Tag. Mit ein bisschen Nieselregen beginnt er und die Aussichten sind nicht berauschend. Der Herbst liegt in der Luft und bis Mittag ist überhaupt nicht klar, ob der Biergarten vom Leiberheim überhaupt aufsperrt. Aber vielleicht soll es so sein. Es kann nicht immer Supersommer herrschen. Nicht einmal in München. Tobi ist ein bisschen nervös, der Wirt, mit dem er telefoniert, nimmt's dagegen vollkommen entspannt. „Mei, dann tröpfelt's halt. Wir haben doch Kastanien, die halten bis fünf Millimeter Regen pro Stunde dicht. Und wenn's mehr wird,

dann ruckts halt unterm Schirm z'samm!"

Es soll ein kleines Zusammentreffen unter Freunden werden. Die zwei Freundeskreise aus dem Augustiner, mit denen alles begonnen hat, sind über den Sommer zusammengewachsen. Bei Babsi und Bene hat es richtig gefunkt, und Tobi freut sich darauf, mit seinen Freunden und Marie endlich unter Normalbedingungen zu feiern. Und es gibt viel zu feiern: Das Ende ihrer Suche, das Ende der Biergartensaison und den Anfang von etwas Neuem, das sich noch nicht so richtig beschreiben lässt. Abends um halb sechs. Hoffentlich nimmt der Wind ab, denkt Tobi, sonst wird's schattig. Marie hat sicherheitshalber ihre Daunenjacke angezogen. Und damit sie´s doppelt warm hat, legt er seinen Arm um sie. Beim Reingehen wird Tobi klar, warum der Wirt am Telefon so entspannt war: Der Biergarten ist voll. Und das, obwohl Wiesnzeit ist. Ob das am Ehrhartinger Bier liegt?

Als Tobi ihren Tisch erblickt, nimmt er Marie noch fester in den Arm, so, als wollte sein ganzer Körper „ich glaub's nicht!" rufen: Da sitzen die Freunde an einer Festtafel. Sie haben unter einem Schirm den Tisch weiß

„Ich glaub's nicht!"

gedeckt. Aufstriche, Salate, Radi, Radieserl, frische Brezn, ein selbstgebackener Kuchen. Von oben wärmen Heizstrahler, für später stehen Kerzen bereit und plötzlich schiebt der

„Feiern wir schon Silberhochzeit?"

Wind eine Wolke zur Seite und da blitzt die Sonne durch die Kastanien. „Hinsetzen, wir bringen alles!", befiehlt Bene und eilt mit Marc und Tom zur Schank. Ein bisschen seltsam kommt sich Tobi vor, als er neben Marie auf die Bank rutscht, die beiden haben die Ehrenplätze in der Mitte der Tafel. „Feiern wir schon Silberhochzeit? Kommt mir gar nicht so lang vor", spottet er. Und Marie sieht ihn kritisch an, zupft an seinem Bart und sagt: „Hast dich gut gehalten. Fast keine grauen Haare – muss an mir liegen."

Und dann kommt das Bier und dann kommt das Anstoßen und dann kommt der Kuss. Ein Kuss wie ein Krug Bier, den man nicht mehr absetzen mag, so groß ist der Durst.

Und während in Tobis Kopf das Blut pocht und sich alles dreht, merkt er, wie es um ihn und Marie herum laut

„Hast dich gut gehalten."

und immer lauter wird. Ein Tosen, ein Johlen, ein Jubeln, was ist das? Die beiden setzen kurz ab und wollen Luft holen. Da sehen sie, dass der ganze Biergarten um sie herum aufgestanden ist und ihnen zujubelt. „Nicht schlecht für'n Anfang", sagt Tobi. Und Marie meint: „Ah geh, des kemma besser!"

Das ging ja gschwind!

*Kaum ist der Sommer rum,
schon haben sie sich gefunden.*

LEIBERHEIM

Waldperlach

NIXENWEG 9
81739 MÜNCHEN
TEL. 089 4300000

LEIBERHEIM.DE

WIRT

WOLFGANG
ENGEL

Der Wirt war bis 2013 selbst einer der Stammgäste – gar keine so schlechte Voraussetzung. Heute schaut er immer mal wieder an seinem Stammtisch vorbei, auch wenn er nicht mehr so lange sitzen bleiben kann wie früher.

BRAUEREI
ERHARTING
Mühldorf am Inn

Öffnungszeiten

BIERGARTEN:
Bei schönem Wetter
Mo bis Sa ab 14:00 Uhr
So, Feiertag ab 11:00 Uhr

RESTAURANT:
Di bis Sa ab 16:00 Uhr
So, Feiertag ab 11:00 Uhr

WOS
KOST'S?

½ Hendl	7,00 €
Münchner Wurstsalat	6,00 €
Obazda *(Nockerl)*	ab 2,00 €
Breze *klein*	1,20 €
Mass Bier	7,10 €
Weißbier *0,5 l*	3,80 €
Apfelschorle *0,5 l*	4,20 €

SPEZIALITÄTEN
DES HAUSES

Brotzeitnockerl
(Leiberheim-O'bazder, Rucolafrischkäse, Vitello-Mousse, Jalapenocreme) zur frischen Wiesnbrezn

2.000

SITZPLÄTZE

Der Biergarten unterhält seine Gäste an Feiertagen wie dem 1. Mai und am Vatertag mit Blasmusik und Tanz. Der Gasthof ist auch Spielstätte des Waldperlacher Volkstheaters. Im angrenzenden Schopenhauer Wald gibt es für Kinder einen Abenteuerspielplatz mit Tarzanbahn und Naturlehrpfad.

Ein Festmahl der besonderen Art kann man sich auf Vorbestellung gönnen: Dann dreht sich im Biergarten ein ganzes Spanferkel am Spieß.

GESCHICHTE

1907

1881 gründete König Ludwig II seine Leibgarde, das Bayrische Infanterie-Leib-Regiment, von der Bevölkerung einfach „Leiber" genannt. Ihre Angehörigen bekamen 1907 ein Erholungsheim, wo die „Leiber" einen Großteil ihrer Freizeit verbrachten. Seit 1911 ist es auch der Öffentlichkeit zugänglich. Einige Jahre lag das Leiberheim im Dornröschenschlaf, bis es 1953 vom Großvater des heutigen Besitzers gekauft und als Restaurant und Biergarten wiedereröffnet wurde.

Und wenn
sie nicht gestorben sind,
dann biergarteln sie
noch heute.

Gazelle

Liebe Freiluft-Restaurants,

es ist begrüßenswert, dass ihr eure Gäste an die frische Luft setzt. Aber wenn sie dazu kein eigenes Essen mitbringen dürfen, dann dürft ihr euch Sommergarten nennen, Gastgarten oder von uns aus auch Openair-Stüberl, aber niemals und unter gar keinen Umständen Biergarten.

Habts uns?

Wenn Ihnen unser Biergartenführer gefallen hat, dann wären eventuell auch die folgenden **Zefix!**-Schöpfungen etwas für Sie: die **Kalender,** die **Fuizln** (Bierdeckel), **Bredln** (Brotzeitbretter), **Memo** (Memo), das **Buch zum Fluch** und andere **Spassettln** (Unterhaltsamkeiten).
Ganz einfach zu bestellen unter **sz-shop.de.**
Viel Vergnügen!

MARTIN BOLLE

hat Berliner Ahndln (also Vorfahren), ist in Tegernsee geboren und dort aufgewachsen. Nach seiner Ausbildung am Lette-Verein in Berlin und anschließenden Assistenzen arbeitet er als Werbefotograf mit Studio in München. Seine Themen sind Stillleben, Menschen, Unternehmen und Tourismus. Wenn er nicht ein paar Hundertstel Sekunden arbeitet, macht er mit Frau und Tochter München und das Tegernseer Tal unsicher.

MARKUS KELLER

ist in Buch am Erlbach aufgewachsen, im Grenzgebiet zwischen Ober- und Niederbayern. Als Grenzgänger zwischen Werbung und Design arbeitet er seit mehr als zwanzig Jahren in München. Anfangs frei, heute in seiner eigenen Agentur. Warum es in Bayern so viele Zuagroaste gibt, wundert den passionierten Windsurfer nicht. „Das ist doch der schönste Platz auf Erden – fehlen nur das Meer und die Wellen."

ONO MOTHWURF

ist vor einem Vierteljahrhundert aus Oberösterreich (Mittelbairischer Sprachraum) nach München gepilgert, um Karl Valentin näherzukommen und für die Windsurfing-Bibel „surf" zu schreiben. Später ist er zur Werbung konvertiert. Heute arbeitet er als Texter und Autor.

Marktstubn

BILDNACHWEIS:

Mit freundlicher Genehmigung der Biergärten:
Fotos Wirtsleute: Augustiner Schützengarten - Christian Schretzlmeier S. 158; Aumeister - Thomas & Katrin König S. 86; Bavariapark - Philip & Sabine Sedgwick S. 146; Chinesischer Turm - Antje Schneider S. 44; Franziskanergarten - Margret & Markus Huber S. 254; Geyerwally - Christine Zierer S. 196; Hinterbrühl - Marga & Gerry Haberl S. 322; Hirschau: Ludwig Hagn & Stephanie Spendler S. 96; Hopfengarten - Antje Schneider S. 222; Insel Mühle - Eric Pölzl S. 292; Laimer´s - Stefan & Cordula Engl S. 264; Leiberheim - Wolfgang Engel S. 342; Löwenbräukeller - Christian & Johanna Schottenhamel S. 54; Menterschwaige - Christian & Johanna Schottenhamel S. 106; Michaeligarten - Antje Schneider S. 332; Muffatwerk - Peter Schmeier S. 126; Park Café - Katrin & Chris Lehner S. 32; Paulaner Bräuhaus - Hermann Zimmerer S. 136; Rosengarten - Gerhard Rieder S. 234; Seehaus -Sebastian Kuffler S. 66; Tannengarten - Mario Pianka S. 164; Taxisgarten - Antje Schneider S. 186; Zum Flaucher - Antje Schneider S. 116; Zum Grünen Baum - Familie Lehmann & Keskic S. 272;
Fotos Biergärten: Augustiner Schützengarten S. 159; Geyerwally S. 190, 193; Hirschgarten S. 245; Leiberheim S. 343; Park Café S. 33; Seehaus S. 67;

Foto neumanndesign.de: Viktualienmarkt - Werner & Dieter Hochreiter S. 78, Fotos Sebastian Eggersberger: Löwenbräukeller S. 48, 49, 50; Muffatwerk: S. 120, 121, 122, 123; Paulaner Nockherberg S. 170;

Süddeutsche Zeitung Photo:
S.14, Titel: Wirte Christian und Petra Vogler im Augustiner Biergarten in München, 2012, Foto: Robert Haas/Süddeutsche Zeitung Photo, S.17, Titel: Biergarten Max Emanuel Brauerei, 2006, Foto: Stephan Rumpf/ Süddeutsche Zeitung Photo, S.50, Titel: Löwenbräukeller, Foto: Naundorf Cathleen/Süddeutsche Zeitung Photo, S.127, Titel: Schornstein, Foto: Stefan Auth/imageBROKER/Süddeutsche Zeitung Photo, S.174, Titel: Arabella und Peter Pongratz im Winzerer Fähndl, 2003, Foto: Karl-Heinz Egginger/Süddeutsche Zeitung Photo, S.204, Titel: Hans Georg Stocker, 2005, Foto: Volker Derlath/Süddeutsche Zeitung Photo, S.214, Titel: Vorstellung des Hofbräu Wiesnkrugs in München, 2015, Foto: Robert Haas/Süddeutsche Zeitung Photo, S.244, Titel: Johann Eichmeier, 2010, Foto: Robert Haas/Süddeutsche Zeitung Photo, S.251, Titel: Franziskanergarten in Trudering, 2009, Foto: Catherina Hess/ Süddeutsche Zeitung Photo, S.302, Titel: Stefanie Krätz auf dem Münchner Oktoberfest, 2011, Foto: Stephan Rumpf/Süddeutsche Zeitung Photo, S. 312, Titel: Martin Osterrieder vom Gasthaus Siebenbrunn am Münchner Zoo, 2012, Foto: Claus Schunk/Süddeutsche Zeitung Photo

IMPRESSUM:

©2016 Süddeutsche Zeitung GmbH, München,
für die Süddeutsche Zeitung Edition.

Gestaltung und Herstellung: Markus Keller
Titelfoto und Fotos im Inhalt: Martin Bolle.
Text: Ono Mothwurf
Illustration: Bianca Tschaikner
Projektmanagement: Till Brömer, Melanie Plazotta
Druck und Verarbeitung: Grafisches Centrum Cuno, 39240 Calbe

DANKE
Models: Nina Gigele & Hubert von Hayek
Klee Model Management: Alessandro Barone
Bavarian Outfitters: Constantin von Günther
Julia Rotter für ihre schöne Ape
uva.

Alle Angaben sind Stand März 2016
1. Auflage
ISBN: 978-3-86497-288-1

Die Preise in WOS KOST'S haben wir nach bestem Wissen und Gewissen reingeschrieben, wobei das Wissen bekanntlich ja relativ ist und unser Gewissen rein.

Die Preise sind demnach unverbindlich und Irrtümer vorbehalten, wer könnte da guten Gewissens widersprechen. Die Preise ändern sich eh dauernd, und meist wird's teurer.

Also, Mass halten!

München
29
28
27
18
19
FR
LANDSHUTER ALLEE
Frauenkirch
24
20
Nymphenburg
1
26
LANDSBERGER STRASSE
14
22
13
16
23
AMMERSEESTRASSE
11
15
31
Marie?
32
AIDENBACHSTRASSE
WOLFRATSHAUSER STRASSE
ISAR
10
30